雅鑫 著

电子工业出版社

Publishing House of Electronics Industry

北京·BEIJING

PREAMBLE
序言

近些年，"灰犀牛"事件频发，各行各业的人们都面临着一定的压力和挑战。

你感受到了吗？

"灰犀牛"事件是指大概率出现的风险事件，它常常被提起，却没有得到充分重视，正如体型笨重、行动缓慢的犀牛，一旦被触怒便会发起猛烈攻击，引发破坏性极强的灾难。

这是个复杂且瞬息万变的时代，充满不确定的因素，对普通人的影响是不可忽视的。

面对人生中确定和不确定的烦恼，有人选择"躺平"，也有人选择

"卷"。可是更多的人，躺也躺不平，卷也卷不动，夹在中间消耗心力，无所适从。

到底怎么做，才能打破现状？我们该如何重塑信心，整合身边资源，提升个人能力，提升幸福感，逆风翻盘，让自己实现人生"逆袭"？

不妨参考一下古人的做法！

正所谓"日光底下并无新事"，现代人在生活、工作中所遇到的烦恼，在历史长河中，也曾经无数次上演过。更有无数出身普通的"小人物"，在时代的浪潮中抓住风口，逆风上行！

不妨看看他们在相似的时刻，做了哪些决策和努力，帮助他们冲出阴霾，逆风翻盘，实现从低谷到巅峰的"逆袭"。在他们的身上，有哪些值得我们借鉴的地方？

范雎，怀才不遇，走过人生至暗时刻，遇到机遇，便想方设法地抓住，终成大秦宰相；

张仪，靠着三寸不烂之舌，纵横捭阖，掀起战国的血雨腥风，一副好口才，让他走上人生巅峰；

李斯，用平台给自己赋能，跳到大平台，从"厕中之鼠"变成了"仓中之鼠"，站到了常人难以企及的高度；

花木兰，代父从军，用自身的行动告诉女孩们，接纳自己，才能跳出框架的束缚；

王阳明，文官带兵，屡战屡胜，逆境中悟出了人生进阶心法，糟糕的环境中，修心乃第一要义；

……

不同的故事，不同的心法。在他们荡气回肠的一生背后，正有我们所追寻的答案。优秀的人都是相似的，他们能从低谷到巅峰，从普通到卓越，一定有着卓越的品质和能力。他们的"逆袭"之路，除了出身、运气、天赋等不可复制的因素，更重要的，是那些可以复制的因素，比如认知格局、心态构建、整合资源、优良习惯、品质修养等。把这些因素复制到我们身上，我们也会发生脱胎换骨的变化，我们的人生也会产生质的飞跃。

当代人的很多烦恼，都是因为无法填平自身理想与现实之间的沟壑，本质上都源于自身不够强大。"打铁还需自身硬"，如果"凛冬将至"，那么，唯有锤炼自身，千锤百炼，本领够硬、能力够硬、认知够硬、心态够硬、素质够硬，才能让自己在冬天活下来，笑看繁花似锦的春天。

用半分钟就看透事物本质的人，和一辈子都看不清本质的人，注定有截然不同的命运。

如果一个人想要半分钟就看透事物的本质，想改变现状，想修炼内心，想提升个人的核心竞争力，想在职场上有所进阶，想在人生的关键节点有所突破，不妨学习古人的智慧。

毕竟，学习是投入成本最低，获得收益最大的自我投资，也是人生进阶的必经之路。

翻阅一本又一本史书，我在中华上下五千年的历史中，精心打捞出24个能带给我们深刻启发的人物，他们或职场受挫，或人生失意，或出身卑微，或命途多舛……但他们都在历史长河中，迎来了自己的高光时刻，绽放出绚丽多彩的光辉。

从心态思维重构、职场升级实践、和谐人际构建等板块出发，我通过盘点24位人物的人生脉络，帮你洞悉人生真相，把握当下生活，领略破局之道，全方位升级人生法则，赢在人生关键点。

很多人都想改变现状，但只有少数人行动了起来。希望你我都在其中。

CONTENTS

目 录

第一章
范雎

怀才不遇时，
该如何破局

范雎
怀才不遇时，该如何破局

在职场中，有不少人都有这类困惑和抱怨：我明明做得很好了，为什么老板总是看不到？我到底该怎么做才能升职加薪呢？

这些人大多认为自己怀才不遇——明明能力不差，是匹"千里马"，却没有"伯乐"来赏识；自己是"金子"，却没有"发光"；自己是天才，却没有机会表现。接着，他们抱怨起命运的不公，领导的识人不明，等等，有的甚至陷入怨天尤人的境地。

那到底什么是怀才不遇呢？

《辞海》中是这么解释的：有才能而不被赏识任用。也就是说，有才能，却遇不上赏识的人，导致没有机会施展自己的才华和理想。

然而在现实语境中，怀才不遇也分两种：一种是当事人真的有能力，也确实不太走运，一直遇不到赏识他的"伯乐"，所以可能会有很长一段时间的郁郁不得志，壮志难酬；另一种是自身能力不足，对自己的评价偏高，自身原本就不是"千里马"，却总是抱怨遇不到"伯乐"。

如何判断自己是不是真的怀才不遇呢？当我们真的怀才不遇时，有什么办法可以帮我们破局呢？我们不妨听听范雎的故事。

范雎是谁

他是战国时期的著名政治家和军事谋略家，他的故事在《史记》《战国策》等书中都有记载。

范雎曾是魏国的门客，不仅怀才不遇、不被重用，还在魏国死里逃生。后来，他进入秦国，取得一定功绩，被秦昭襄王重用，封侯拜相——他是如何从一个怀才不遇的辩士，逆袭成秦国的宰相，最后功成名就的呢？

范雎属于魏国的公族支庶子弟，他的家庭并不富裕。他有辩才，曾周游列国进行游说，但家贫无资让他的一腔抱负难以实现，只能暂时做中大夫须贾的门客。

范雎曾随须贾出使齐国，却被怀疑通齐卖魏。回国后，魏国相国魏齐误听谗言，将范雎抓了起来，并险些将他鞭笞致死，随后还让人把他扔进茅厕侮辱。

这可以说是范雎人生最黑暗的时刻，他遭受了肉体上的非人折磨，也遭受了精神上的极大屈辱。换成其他人，面临折辱，可能会选择放弃，然而，范雎没有被黑暗淹没，而是咬牙坚持下来。让他坚持下去的，可能是还没有实现的理想抱负，可能是顽强的生的意志，也可能是对仇人的恨意。总之，范雎坚持了下来。

在好友郑安平的帮助下，范雎侥幸逃生，改名张禄，随后又在秦国使者王稽的帮助下入秦。俗话说，大难不死，必有后福。正是在秦国，范雎实现了人生的逆袭。

秦昭襄王听说他是个贤士，亲自恭迎他。这是个爱才的君王，他见到范雎，屏退左右，跪下来，膝行上前问范雎："先生想教寡人什么？"一国之君能够恭敬到如此程度，可以说给足了范雎面子。

面对请教，范雎却只回答"嗯嗯"，并不说别的。秦昭襄王再问，范雎还是如此。连续三次，秦昭襄王有点儿不耐烦了，他挺直上身跪着说："难道先生不愿意教寡人吗？"

范雎不再只像一个复读机一样只重复"嗯嗯",而是开启了他的长篇大论。

这一行为模式很值得我们去品味,范雎在机会来临时,不是迫不及待,立刻不遗余力地向秦昭襄王展示自己的才能,而是采用"欲擒故纵"的方式,既可以吊足对方的胃口,牵动其情绪,还可以掌握谈话的主动权,全面地向对方展示自己的智慧和见识。他这样做,恰恰是为了更好地抓住这次难得的机会。

他一针见血地提出"远交近攻"的策略,主张秦国应该以韩魏两国为主要目标,与齐国等保持良好关系。秦昭襄王听从了他的建议,并拜他为客卿。之后,他又提醒秦昭襄王加强王权,废太后之权,并驱逐四大列侯到函谷关外,"以除秦之患"。此外,在长平之战中,范雎成功以反间计让赵国启用无实战能力的赵括为将,"以离其心",使得白起大破赵军,"斩首四十万"。秦昭襄王拜范雎为相国,并赐他应邑作为封地,赐封号为应侯。

至此,范雎算是完成了从怀才不遇到人生巅峰的逆袭,他的才华与能力,也得到了充分展现,正如一粒金子,总算洗去尘垢,散发出属于自己的耀眼光芒。

从他的经历可以看到,"千里马"是否受到"伯乐"的赏识,存在极大的运气因素,人才本身是否能够来到平台上、来到伯乐面前,都受到诸多因素的制衡。

因此,怀才不遇的人才想要破局,必须有一点儿小手段。

怀才不遇的人如何破局

在当代社会,"营销"是各大品牌少不了的推介手段。在职场中,人如商品,也需要一些恰当的推介手段。闷声不响,踏实做事,未必有人赏识,很有可能"伯乐"在等人才,而人才也在期待赏识,双方抱着匹配的意愿,却缺乏匹配的沟通。这时,自我推销将成为最直接的助力。

戴尔·卡耐基曾说:"不要怕推销自己,只要你认为自己有才华,你就应该认为自己有资格担任这个或那个职务。"

或许怀才不遇的人才可以采取以下三种方式，主动出击。

方式一，直接自荐。

当你苦于没有出头机会，或许只需要一句："我觉得我可以"。一句简单坦荡的自我推荐就能冲破重重阻碍，职场中的机会正像古诗中所说的"有花堪折直须折，莫待无花空折枝"，机遇稍纵即逝。

即便才华出众，空等他人的赏识，也是难上加难。坦荡直言法最适合相对简单的职场环境，如扁平化管理的职场、人际关系尚未变得复杂的社会环境，等等。这种方法的关键在于鼓起勇气、放下包袱，将自身放置到前台来。

历史上最有名的自荐故事，当属战国时期的"毛遂自荐"。

诸侯争霸时期，秦国围困赵国都城邯郸，赵国平原君准备在门客中选取人才，前往楚国求助。此时只差一个人，名不见经传的毛遂自告奋勇。

平原君询问毛遂在他门下多久了，毛遂回答：三年。可平原君认为，人才就像口袋里的锥子，锋芒是藏不住的，会自然显露，而毛遂在他门下三年，依旧籍籍无名，也没听旁人称赞过他，恐怕实力不足。因此，他劝毛遂留下来，不要前往。

毛遂却说："如果您能早点儿把我放进这个口袋里，别说露出锋芒，整个锥子都已经钻出来了！"这就是人才与平台之间的矛盾，因为各种各样运气因素的制衡，才会错位。而毛遂直白地说出这点，自信袒露，打动了平原君，他认为毛遂能够语出惊人，想必有些才华。果然在平原君与楚王的会面中，毛遂提着宝剑威逼楚王，又提起楚国在秦国面前受到的屈辱，动之以情，晓之以理，让楚国同意合纵，解除了邯郸之围的危机。

"毛遂自荐"的故事中，平原君认为有才华的人必定有展示的机会，而毛遂则证明了他欠缺的正是一个机会。这正是职场中的常态：许多人才空有才华、能力，等人赏识，"伯乐"却在等待他们自动跳出来，这样导致二者之间存在信息

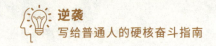
差异，形成僵局。

打破僵局需要的，有时只是一句话。

方式二，"曲径通幽"。

直接自荐胜在直接，缺点在于过于直白，如果恐惧面对自荐失败的尴尬场景，不妨试试相对委婉的办法，如同"曲径通幽"。唐朝的诗人陈子昂，就为自己设计了一场"营销演出"。

陈子昂原本在长安居住十年，奈何一直不出名，直到有次路过街市，发现人们正在围观一把价值千金的胡琴。陈子昂见了琴，心有所感，当场把琴买下，并且邀请好奇的看客们于某日到某地听琴。

到了约定的时间，陈子昂带着琴现身，众人正等着听价值千金的琴音，想不到陈子昂当场把琴举起来摔断了。

他说："我是四川陈子昂，写过上百篇文章，在城中奔走，可是无人问津。这胡琴本是低贱的乐工所弹奏的，又有什么值得关注的呢？"陈子昂通过摔琴这一意外行动，博得了众人的关注和好奇。毕竟价值千金的琴，陈子昂说摔就摔，这样的奇人，能写出怎样的奇文呢？

一时间陈子昂的诗文被争相传诵，许多人意识到他的才华，陈子昂就此走入仕途。

"曲径通幽"的关键在于：在旁敲侧击中凸显自身条件。通过打造一个合适的场景，展现自身的独特之处，这个场景可以是办公区的每时每刻，也可以是酒桌上，闲谈时，不必煞有介事，倾情自荐，只需要适当地展示出自身的优势即可。

比如陈子昂的故事中，吸引众人的并不是他的文学素养，而是他一掷千金的豪奢。比起直接自我推荐，这样的方式相当于将自身放到聚光灯下，袒露自身的意图，接受外界的考验。

方式三，打造氛围。

打造氛围的方法比"曲径通幽"的方式更加不着痕迹，看起来主动性比较低，主要依靠外界的助力来推荐自己。在古代职场上，打造氛围的方法比前两种自荐方法更为常见，因为这种方法掩盖了自己的意图，打造出一种"众人推荐我"，而不是"我在自荐"的错觉。比如唐朝时，许多文人汇聚在长安，经营的无非是一场营销，要打出名头，外界的声望很重要，因此李白、王维等大才子，也少不了主动结交贵人，打造"才子氛围"。

其中最广为人知的还是"终南捷径"的故事。唐朝有位进士叫卢藏，他官职不高，晋升也困难，于是他想到一个办法：辞去官职，进入长安附近的终南山隐居。当时的风气对隐士十分推崇，于是隐居终南山并向外散布消息的卢藏很快得到朝廷的重用，被任命为左拾遗。

有卢藏做例子，后人纷纷效仿，前往终南山隐居，以求重用，于是便成了"终南捷径"的典故。

打造氛围未必是自身有意识打造氛围，也有可能是通过言行日积月累、潜移默化地为自己打造氛围，是一种长期的、厚积薄发的自我推荐艺术。像范雎就是如此，因为能力出众、有贤能的名声在外，才获得了秦昭襄王的关注，长期的言行积累让他打破了运气的不确定性，走上了应有的平台。

怀才不遇的人如何把握机会

一旦遇到机会，怀才不遇的人也需要以恰当的方法来应对。

当一个人发展受限时，难免怨天尤人，每当此时，可以考虑换位思考——不再将自己放在"千里马"的角度，而是从"伯乐"的角度出发：身为"伯乐"，你想要得到什么样的人才？

换个视野，或许能让怀才不遇的人豁然开朗。

不妨直接打出你的"卖点"！要切记"卖点三要素"，它们支撑起自我推销的逻辑，缺一不可。

其一，是一个人的基本信息。基本信息就像建筑的地基，是至关重要、不可或缺的。

基本信息介绍只要求清晰明了，譬如姓名、职位等，可以根据具体的情况酌情添加。它是一个人专业素养的体现，也让人知晓"我是谁"，不然之后的介绍都是无源之水、无本之木。

其二，是一个人的独特优势。

所谓独特优势，可分为两种：一种，是一个人的绝对优势，比如口才出众，舌灿莲花，善于打动对方；又如专业技能过关，读书时成绩优秀，工作后业务当先……这些都是一个人的绝对优势，找到它们，并且巩固它们。另一种，是竞争中的相对优势，优势不一定要做到极致，只要有强于竞争对手的长处，并且能用它为"伯乐"带来收益即可。

其三，就是一个人的优势能给对方带来怎样的收益。范雎正是抓住了这一点，才能在机会来临时稳稳抓牢。这也是一种换位思考，站在"伯乐"的角度，思索对方需要什么样的能力。

比如在春秋战国时期，秦孝公招募人才，商鞅就是根据秦孝公的诉求，先是提供"王道"的方案，发现秦孝公不感兴趣，立即转向，提供"霸道"和法家的方案，这才获得了秦孝公的赏识。

因此，遇到"伯乐"赏识时，不妨放下过高的自我意识，站在对方角度，说清自己的某项优势能给对方带来的益处，这样更容易脱颖而出。在这一思考过程中，也可以让怀才不遇的人精准定位自身，确认自我是否真的具有恰当的能力和才华。

就如在魏国的时候，范雎难道没有才华吗？当然不是。他没有得到重用，甚至阴差阳错险些丢了性命，这里面，有他人的构陷，有命运的捉弄。然而，范雎没有从此沉沦下去，他没有自暴自弃，没有自怨自艾，不因一时的困境而灰心丧气。他相信自己有能力改变现状，积极寻找新的出路，等到机会来临时，想方设法地抓住机遇。最终，他凭借自己的才华和智慧，赢得了秦王的信任和重用。

如果你也像范雎这样，真的怀才不遇，真的有能力、有才华，可是一直没有施展的机会，请不要灰心丧气。在怀才不遇时，我们要调整好心态，坚信自己不会一直如此，并换一种角度去看待自己所经历的困境和挫败，也许它们正预示着机会或者转折点的到来。然后不断蓄积能量，去提升自己，去寻找机会。当机遇来临时，我们要学习范雎的智慧，用恰当的方式去抓住机会，不要因为环境陌生而胆怯不前，也不要因为害怕失败而退缩不前。抓住机会，发挥自己的优势，如此，才能有所成就。只有把握住自己的命运，才能实现自己的人生价值。

如果你不是真的怀才不遇，而是自己的能力还没有达到一定的水平，那么，请停止抱怨，立即行动起来。你不是"千里马"，就让自己成长为"千里马"；你不是"金子"，就让自己成长为"金子"。只要你坚持不懈地去提升自身的价值，总有一天，你会赢来属于自己的"伯乐"，只是时间或早或晚罢了。

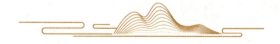

第二章

孙膑

普通人如何应对生命中的突变

孙膑

普通人如何应对生命中的突变

绝大多数人在面临现实生活中的不幸时，都会感叹"命运的不公"，会想为什么如此倒霉的事情会落在自己的头上，为什么别人那么幸福？

但实际情况是，很少有人的生活是一帆风顺的，因为绝大多数人都是只知他人喜，不知他人忧，"家家有本难念的经"才是现实。天灾人祸、生老病死……实际上人这一辈子都要面临各种变故，你有你倒霉的事情，他也有他倒霉的事情。

和平年代，往往生活相对安稳，人们各有各的奔忙，也各有各的愁苦，遇上灾祸，新闻媒体放大了人们对悲惨的感知。但是，人生无常，面对生命中的突变，有人最终还是获得了幸福，也有些人在变故中抑郁一生。

你选择做哪一类人呢？

有这样一位天才少年，他从闪闪发光、意气风发，到身体残疾、梦想的羽翼被生生掐断。他的遭遇，比一般人要悲惨很多。那么，经历了如此变故的他，是怎样再次为梦想插上翅膀，让生命再次熠熠生辉的呢？

"君子报仇，十年不晚"的诀窍

让我们一起走进孙膑的故事，看看从天才少年到身体残疾，死里逃生的孙膑，是如何应对人生突变、对待生活的苦难的。透过他的经历，我们可以学习到应对人生突变的一些策略。

孙膑，是孙武的后代，也是战国时期著名的军事家。我们耳熟能详的"田忌赛马"以及"围魏救赵"的故事中，都有他的身影。孙膑原来不叫孙膑，他的原名也许叫孙伯灵，也许叫别的，没人能说清楚，早已遗失在历史的长河中。那"膑"是什么意思呢？其实相当于旁人对他的代称，"膑"指髌骨，是膝盖部的一块骨头，被施以膑刑、没了髌骨的他，以"膑"为名，响彻史书典籍。

孙膑曾和庞涓是同门师兄，二人师从鬼谷子学习兵法，鬼谷子是春秋战国时期纵横家的神秘祖师，他是兵法的集大成者，精通谋略与心理揣摩，其门人也尤其擅长运筹帷幄。

庞涓先出仕于魏国，担任将军，他向来嫉妒孙膑的才能，担心他成为自己的竞争对手，于是设计陷害孙膑。古语说："君子无罪，怀璧其罪。"君子本来没有罪过，但因怀中有玉就成了一种罪过。孙膑就是这样，他什么都没做，能力出众并不是他的错，但是，就是这一身才华给他招来了横祸。孙膑当时还很单纯，没想到同窗师兄竟会加害自己。

庞涓先是假意招揽孙膑来魏国，将他举荐给魏惠王，但又暗中阻挠孙膑得到实权。后来，庞涓伪造书信，诬告孙膑与齐国私通，魏惠王大怒，要处死孙膑。庞涓又向魏惠王求情，将死刑变成了膑刑和黥刑。膑刑就是剔除髌骨，让人失去行走的能力。黥刑是在脸上刺字，让人成为奴隶。对于古人来说，这两项刑罚都是相当耻辱的。

说到这儿，也许有人会疑惑，庞涓既然要陷害孙膑，为什么不让魏王直接杀了孙膑，反而要大费周章，从中间横生事端，拦上一拦？历史上，有这样几种说法。一种说法是庞涓为了窃取孙膑的兵法著作，留着孙膑的性命，可以利用他；一种说法是他觉得孙膑比自己更懂得兵法和阵法，更能得到魏惠王的赏识和信任，孙膑残疾了，成为奴隶了，就无法再施展他的才能；还有一种说法是，庞涓对孙膑还有一丝同门师兄弟的情谊，不忍心亲手杀死他，所以只是想要废掉他的

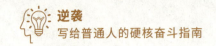

双腿，让他无法再参与战事。

总之，孙膑失去了行走的能力，并变成了地位低贱的"刑徒"。

此时的孙膑，仿佛从"天堂"跌落到"地狱"一般。在这"地狱"中，有身体的痛苦，有骄傲的陨落，有精神的折磨，也有被信任之人"背刺"的失望透顶。孙膑没有选择一死了之。死很简单，一根绳子，一瓶毒药，或者激怒庞涓，都可能会得到这个结果。但他没有。他知道，死了，无论是理想抱负，还是血海深仇，都将随风飘散，再无实现的可能。活下来，才有希望，活下来，才是真正的勇士。

面对人生中突如其来的灾难，孙膑的坚韧，远远超过我们的想象。孙膑沉着冷静，他不仅要活下来，还要想办法逃出这个"地狱"，还要找机会东山再起，只有这样，才有翻盘的可能，这就是所谓的"留得青山在，不怕没柴烧"。孙膑分三步应对他的危机。

第一步，活下来。怎么活下来并有机会逃走呢？他的生死掌握在庞涓手里。说服庞涓放走他，显然是不可能的，唯有装疯卖傻，才有可能躲过一劫。于是，孙膑开始了他的"影帝级"表演。他把自己写的竹简全部烧毁，然后装疯卖傻。一会儿哭得撕心裂肺，一会儿笑得前仰后合，说话前言不搭后语，还把牢饭和碗一起摔了。当然，庞涓也不会轻易相信他是真的疯了。他让人把孙膑丢进猪圈，看到孙膑浑身沾满了污垢，在猪圈里打滚，还把猪粪往嘴里塞，庞涓才信了他的疯癫。从此，他放松了对孙膑的管束。

这套伪装法则，在历史上屡见不鲜。

比如越王勾践战败，被困吴国，伪装出一副谦卑恭敬的模样，对吴王夫差毕恭毕敬，给夫差喂马牵马，这副假象迷惑了夫差，令夫差放他回国。然而事实上，勾践在自己的屋子里准备了一只苦胆，时常卧薪尝胆，提醒自己不要忘记屈辱与苦难。类似的还有明朝四大才子之一的唐伯虎，他因才华横溢被宁王朱宸濠赏识，不料朱宸濠有造反之心，唐伯虎为求自保，只能抛弃往日的风流得体，赤身裸体，装疯卖傻，这才免于一劫。

灾祸面前，适当的伪装能够帮助当事人金蝉脱壳。在交往中，适当的伪装也可以保护一个人的真实意图，避免被有心人利用。无论古今，逢人交往，切忌交浅言深。

第二步，逃走。在庞涓对孙膑的管束放松后，齐国使臣来到魏国，身在囚牢的孙膑，想方设法暗中见了齐国使臣。在有限的时间内，孙膑用慷慨激昂的话语和卓越的才能打动了这位使者。在使者的帮助下，孙膑投奔齐国，离开了这个人间地狱。

第三步，东山再起。孙膑到了齐国，先是做了大将田忌的门客，为田忌出谋划策。其中，最为人们所熟悉的，就是"田忌赛马"。在这次事件中，孙膑展现了高超的博弈智慧和统筹规划的思维，帮助田忌赢得了比赛。齐威王是了解田忌的，以他的行事作风，应该做不出这样的安排，他背后，一定另有高人。于是，孙膑才得以见到齐威王。齐威王对孙膑礼遇有加，任命他为军师，予以重任。

公元前353年，赵国被魏国围困，向齐、楚两国求救。齐威王让孙膑带兵打仗，孙膑却表示，自己受过刑罚，不适合当将领，可以当军师。孙膑采用声东击西、围魏救赵的战术，直捣魏国都城大梁，迫使魏国撤军，解救了赵国。此外，孙膑带领主力部队在桂陵设伏，一举擒获庞涓。这一战，孙膑胜了。公元前351年，魏国与赵国在漳河边结盟，齐国将庞涓释放，回魏国再度为将。

公元前341年，魏国又命庞涓去攻打韩国，韩国向齐国求救。齐威王以田盼为主将，田忌、田婴为副将，孙膑为军师，再次出兵解救韩国。这一次，孙膑采用"减灶示弱"的诱敌之法，让庞涓误以为齐军斗志涣散，不堪一击。同时，孙膑又一次运用"围魏救赵"的战术，让自信心膨胀的庞涓掉入圈套。

最终，在马陵这个地方，庞涓殒命。有人说他是自杀的，有人说他是被乱箭射死的。但结局都是，庞涓战败而亡。时隔十几年，孙膑与庞涓的恩恩怨怨终于告一段落。就像是那句古话所说："君子报仇，十年不晚。"孙膑用了十几年时间，光明正大地战胜了庞涓，这本身是件很励志的事情：他不被屈辱、愤怒控

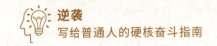

制，蛰伏，不断完善自己，然后伺机而动，一雪前耻。

面对突变，孙膑成事的关键在于未曾有一刻放弃，他坚定的精神力量是支撑自己逃离困境的关键。

在当代生活中，敢于坚持、不轻易放弃同样重要，对于普通的个人，或者庞大的企业而言，都是如此。比如在教培行业面临"双减"政策带来的突变时，新东方几乎陷入绝境，但俞敏洪等人抗住了压力，寻求转型，最终，新东方在电商直播行业分得一杯羹，从此进入电商直播加教培的新时代。

可见，面对突变，坚持是精神内核，面对现实，及时调整则是最为高效的策略。

面对人生突变，最怕自我放弃

在人生际遇中，不仅有孙膑这样面对外部突变坚定信念进而东山再起的情况，也有因自身选择导致从人生巅峰跌落从此一蹶不振的情况。前者考验的是当事人面对挑战，坚持自我的能力，而后者则是当事人在内在的自我建构中主动选择了放弃。

我们不妨来分析另一位历史人物，与孙膑作对比。对于普通人来说，他的失败或许更有借鉴意义，毕竟古话说"打江山易，守江山难"，对于每一位从小人物起步的普通人来说，抓住机会或许并不困难，难的是如何保持上扬势头，稳住局势。

缔造开元盛世的皇帝唐玄宗李隆基可以说是我国帝王中最为复杂的一个人，如果不是历史记载摆在那里，我们很难相信，同一个人，前半生缔造了大唐最为恢宏的盛世，晚年却对政治、对自己的责任失去兴趣，沉迷在艺术和爱情中，并且拉着他的王朝一同坠落，唐王朝从安史之乱后再难恢复元气。

李隆基原本也是个气宇不凡的人，他才华横溢，行事果决，成为皇帝后，他创造的开元盛世，是"小邑犹藏万家室。稻米流脂粟米白，公私仓廪俱丰实"，家家富裕，对外贸易也特别繁荣。

然而这一切，在李隆基的晚年悄然改变。

起初，李隆基任用的是张九龄这样刚正不阿的宰相，他的开元盛世其实很大程度上是建立在对人才的合理利用上的。李隆基的用人手腕相当厉害，懂得把权力最大限度地下放给有能力的人，又能牵制住他们、让他们彼此制衡的方法。

而开创盛世之后，他任用的是李林甫这样"口蜜腹剑"的人物。李林甫不仅是个小人，还打压异己，闭塞言路，搅得朝堂一团乱。此外，他还重用杨玉环的族兄杨国忠，祸乱朝纲。

他还重用了安史之乱的罪魁祸首安禄山。安禄山原本是进京来受罚的，可是因为胡旋舞跳得出色，博得了他的喜爱，不仅免于责罚，还受到了重用，许多人因此推测，当时，他对于政治的心思已经淡了。

后来由于他的判断失误造成了安史之乱的全面爆发，盛世就此崩塌。

面对人生的突变，李隆基做出了错误的选择，他选择了逃避和放弃。

安史之乱爆发后，李隆基逃往蜀地，在途中，随行的军士们发生哗变，逼迫杨贵妃自尽身亡。李隆基再也没有从突变中觉醒过来，流落蜀地，就算回到京城，也只能沉浸在艺术和对过去的怀念中。

说起李隆基的经历，难免令人唏嘘，因为我们每个人的人生中，或多或少会有突变，这是不可避免的。或许你曾经春风得意，却很快，生意迎来低谷；或许你曾经朋友遍天下，一旦跌落，才发现知心能几人？

就像李隆基，一旦跌落，就没有再上升。李隆基在人生最后的七年虽然名为太上皇，但实际上被软禁在太极宫中，彻底一蹶不振，沉迷于修道、辟谷，将近绝食，孤独死去。

面对人生的突变，李隆基不比孙膑。他选择了放弃，也就丢失了最坚固的心理防线，抛却了他的责任。在他统治的前期，他可以用自身的能力控制住了整个王朝的走向。而当他醉心艺术、放弃政治时，稳定运转的王朝就好像失去了中枢，自然问题不断。

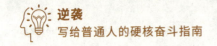

可见最重要的是，面对突变，切忌自我放弃。

这需要超强的自控力，并相信自己有足够的意志力来实现它。现代人的意志力是从远古人类渐渐发展而来的。人类的前额皮质进化、不断扩大，与大脑的其他区域产生紧密联系，因此人们才有了区别于动物的意志力，才懂得未雨绸缪，懂得做更困难的事情。前额皮质可以大致分为三部分，分别控制着"我想做""我不想做"和"我要做"的冲动。现代人能够通过大脑里的前额皮质让我们能够选择去做更困难的事情——比如面对突变时，坚持下去，不断调整策略，不断试错，或者是预测可能的突变，从而未雨绸缪，搭建有效的防御机制。

其次，我们遇到的突变就算没有孙膑或唐玄宗遇到的那么棘手，也会因自身能力不足而难以应对。此时，我们一定要及时寻求帮助，组织更强大的能量为自己所用。只有这样，我们才能避免跌落谷底，被突变击垮。

退一万步说，面临突变，就算我们一无所有，又如何呢？

同在春秋战国时期，还流传着财神范蠡的财富传说，他就是一位屡次东山再起的人物。他出身贫寒，却能文能武，学富五车。范蠡跟随勾践，帮助勾践卧薪尝胆，完成复仇，使得越国兴盛，从而灭掉吴国。在越王勾践即将实现霸业前，范蠡却选择急流勇退，远离朝堂。

在范蠡的一生中，有三次散尽家财的经历。离开勾践是第一次，他来到齐国，改头换面，开垦荒地，发展渔业资源，几年之内积累巨额家产。后来齐王听说范蠡的才干，想要聘请他做宰相。范蠡认为这样的邀请对他这个布衣百姓来说并非好事，于是再次散尽家财，分给乡亲百姓，离开齐国。

之后范蠡迁居到陶地，改名换姓，人称"陶朱公"。他经商十几年，商业历程又有了新进展，成为天下首富，有"天下言富者，皆称陶朱公"的说法。当灾害出现，范蠡再次散财布施，留下了极好的口碑，因此被称为"财神"。

范蠡一生三次散财，三次东山再起，他渐渐将突变和从头再来视为人生的常态，就像电影《中国合伙人》中的台词："失败并不可怕，害怕失败才真正可怕。"恐惧，才是面对人生突变的首要敌人。对比唐玄宗李隆基与本章的主人公孙膑，前者被丢失江山、老之将至的恐惧攫住，而后者，从未有一丝动摇。

孙膑从丧失行走的能力，到重新插上梦想的翅膀，实现自己的理想抱负，用了整整十几年的时间。

他的经历告诉我们，当你的人生遭遇突变时，拥有直面苦难的勇气，才能迎来反败为胜的转机。他没有因为身体残疾而放弃自己的才能和理想，而是用坚韧不拔的毅力，活下来，然后，用智慧和才能，让倒下的人生，再次站立起来。

谁都希望自己一生顺风顺水，谁也不想人生遭遇突变。希望厄运和磨难，永远不会降临，希望孙膑应对突变的经验，我们永远不会用到。但我依然希望，我们都有一颗坚韧不拔的心，有不会被折断的翅膀，有实现梦想的力量。

第三章

张仪

为什么口才好的人
更容易成功

张仪

为什么口才好的人更容易成功

酒桌上敬酒说错话，职场上不知道如何与领导沟通，朋友聚餐，也总是很容易冷场……生活中，口才不好，会让人到处碰壁。为什么别人总能在社交场合应对自如，走到哪儿都很受欢迎，而你在各种场合言不达意，甚至话一出口就得罪一群人呢？

好口才，给你的职场、人际社交带来的好处实在是太多了。拥有好口才，你的人生想不顺风顺水都很难。

如何才能拥有好口才呢？为什么口才好的人更容易成功呢？

好口才，让你的人生一帆风顺

（一）职场步步高升

你有没有发现，凡是在职场中混得风生水起的人，往往能言善辩，口才很好。职场中很多名人的成功，也都得益于好口才。

戴尔·卡耐基曾租用纽约一家酒店的礼堂用于讲课。有一天，他突然收到租金要上涨的通知，店主提出要他付比原来多3倍的租金。他不得不前去与酒店经理交涉，他对酒店经理说："收到涨租通知后，我很意外，但是我不怪你，如果我是你的话，也会这样做。因为你是酒店的经理，理应尽可能多地为酒店获利。"

接着，卡耐基为酒店经理算了一笔账："礼堂用于晚会和舞会虽然能够盈利，但是我走后，美国成千上万的中层管理者也会跟着走。他们能够光顾酒店，是多少钱都买不到的活广告，试想一下，哪个获利更大呢？"后来酒店经理将卡耐基的话转告给了酒店老板，老板也觉得卡耐基言之有理，决定不再涨价。卡耐基的好口才在此体现得淋漓尽致。他懂得换位思考，一两句话就赢得了酒店经理的好感，接着分析利弊，成功说服了老板，也维护了自己的权益。后来，卡耐基也正是凭借出色的口才使得自己的课程爆火，赚得盆满钵满。

职场中，有口才的人往往更容易被领导所关注，被客户所认同，职场之路步步高升；而不会说话的人则显得容易受挫，甚至会因为一句不得体的话给领导留下不好的印象，影响职场晋升。

（二）婚姻顺风顺水

有了好的口才，你会发现，婚姻关系也会变得更加顺畅。

妻子为丈夫端来一碗剩汤和干饼子，但是丈夫不愿意吃干饼子，又怕说出来惹妻子不高兴。于是他把干饼子掰碎了，泡进了汤里。碎饼子都沉到了碗底，丈夫指着碗底的碎饼子对妻子说："老婆，你看这些家伙是怎么回事，它们都不会游泳，还非要跳进这热汤里去。"妻子看到碗底的碎饼子早就泡成了浆糊，已然是没法吃了，就微微一笑，回到厨房开始忙活起来。丈夫问："你是不是生气了，老婆？是我不对，我不该吃饭的时候和你开玩笑。"妻子说："你稍等一下，我重新给你做一碗你爱吃的臊子面。"

面对不满，丈夫并没有直接指责妻子，而是凭借好口才表达了自己的诉求。另外，拥有好口才，还能够缓和家庭矛盾，重塑夫妻关系。

有一天，一对夫妻因为琐事吵了起来。事后，妻子问丈夫："你说我们是不是泥巴做的？"

丈夫说是，妻子又问："那么为了不让我们散架，是不是天神又用火烧了

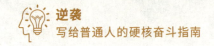

一下?"

丈夫说道:"当然了,天神确实是用火烧了你们女人,但是轮到男人的时候,没有烧我。"

"为什么呢?"妻子充满了疑问。

丈夫笑着说道:"因为天神早就知道,我要是娶了你之后,一定会在你的爱火与怒火中得到锤炼,于是就省得烧了。"

听完丈夫的话,妻子又羞又愧,两人和好如初了。

婚姻生活中,夫妻吵完架迟迟不和好,就是因为不懂得说话的艺术。有了好口才,破镜也能重圆。好的口才能够化解尴尬和矛盾,也能够让夫妻感情更加稳固,家庭更加和谐幸福。

(三)社交游刃有余

有多少人因为不会说话而得罪人。常言道:"祸从口出。"可见,会说话、有口才对于维护良好的人际关系是非常重要的。

但丁在出席威尼斯执政官的宴会时,发现了一个现象:其他宾客的煎鱼都是又肥又大的,而他的鱼小得可怜。但丁并没有直接表达不满,也没有吃鱼,而是将鱼盘端起来,仔细倾听。这个举动让执政官很好奇,他就问但丁在做什么。

但丁大声说:"我有个很好的朋友,去世后举行的海葬,不知道他的遗体有没有沉入海底,于是我就问了问这些小鱼。"

执政官感到很可笑,继续问:"那小鱼都说了什么呢?"

但丁回道:"小鱼说,它们太小了,不知道过去的事情,让我向同桌的大鱼们打听一下。"这时执政官才发现但丁盘中的鱼确实太小了,立马吩咐服务员给但丁上了一份肥美的大鱼。

但丁的做法既维护了自己的权益,又保全了主人的颜面,可见好的口才在社交场合能够让人获得主动权。

一个老太太上了电车后，年轻的先生起身让座，老太太毫不客气地坐下后，一声不吭。其他乘客都感觉老太太没有礼貌，让座的先生忽然转身问老太太："夫人，您刚才说什么？"

老太太感到很奇怪："我什么都没说啊。"

这时候让座的先生说："抱歉，夫人，我刚才还以为您在跟我说'谢谢'呢。"话音刚落，引得其他乘客大笑，老太太感觉到不好意思，这才郑重地对那位先生致谢。

有口才的人不会与人争论是非对错，而是通过迂回的方式让对方感受到不妥之处。好的口才充满了智慧，从职场社交到个人发展都离不开好的口才。张仪正是凭借着出色的口才，成了战国时期的纵横家。

张仪：舌头比性命重要

在历史上，拥有好口才的人不计其数。张仪，可以说是其中比较典型的一位。作为战国时期著名的外交家和谋略家，张仪是出了名的口才好。他周旋于各国之间，以其超凡的谋略和雄辩的气势，靠着三寸不烂之舌，掀起血雨腥风，以至于到了"一怒而诸侯惧，安居则天下息"的程度。

那么，张仪的好口才是怎样练就的呢？

张仪并不是天生就能言善辩、巧舌如簧，他的好口才，也是通过不断的学习和锻炼才得来的。张仪年少的时候家里很穷，他曾在魏国卖酒为生。在酒肆里，他常常听人说话，学习各种言辞和技巧，这为他的好口才奠定了基础。当然，这些还远远不够，他还向鬼谷子学习了纵横术。什么是纵横术呢？就是运用辩论、说服、游说等手段，来影响诸侯之间的关系和政治局势。"知大局、善揣摩、通辩辞、会机变、全智勇、长谋略、能决断"是战国时期对纵横谋士的要求。作为鬼谷子的高徒，张仪在这些方面表现得都很不错。

学成以后，可以说是"万事俱备，只欠东风"了。张仪的"东风"，并没有

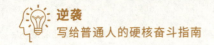

他想象中来得那么快。

《史记·张仪列传》中记载过这样一个故事。张仪学成归来，开始游说诸侯。他曾在楚国担任小官吏，有一次参加聚餐，有不少大人物在场，其中就有楚国的宰相。初入职场，能和楚相一起吃饭喝酒，是一件多么值得骄傲的事啊。可谁能料到，楚相丢了一块玉，楚相的门人认为是张仪偷的，理由是：这个人很穷，而且没有品行。于是，一群人把张仪捆了起来，鞭笞了数百下，张仪最终也没有屈服，没偷就是没偷。然后，他们又一起侮辱张仪。张仪回到家，他的妻子一看张仪浑身是伤，半是心疼半是戏谑地说："你不读书游说诸侯，能受如此屈辱吗？"张仪没接这话茬，只问了句："你看我的舌头还在不？"妻子笑着说："舌头还在。"张仪也笑了："只要舌头还在，就足够了。"尽管第一步走得不顺，张仪仍然信心满满，坚信只要自己还有舌头，就能靠着这三寸不烂之舌，闯出一片天下。

张仪后来果然做到了。张仪出任秦相后，充分利用自己的好口才，为秦国作出了很大的贡献，也实现了他对功名富贵的追求。

那时候，东边的国家都联合起来反秦，把秦国围得水泄不通，秦国想称霸可没那么容易。秦惠王于"危难之中"重用张仪，让他出任秦相。他在险恶的外交环境中，凭借其善辩、谋略之才，帮秦国打赢了很多场外交战，为秦国最后统一天下打下了坚实的基础。

如何才能拥有好口才

结合张仪的案例可以总结为三点：

（一）敢吃苦中苦

好口才不是一天就能练成的，即便是张仪也吃尽了苦头。他深知自己出身的平凡，只有练好口才方可出人头地。他拜鬼谷子为师。大家都知道，鬼谷子是纵横家的鼻祖，高人中的高人。名师出高徒，鬼谷子的徒弟也是响当当的大人物，除了张仪，还有苏秦、孙膑、吕不韦、商鞅、白起等。而且高人通常在收徒方面有着严格的要求。张仪能够被鬼谷子收于麾下，可见他有着过人之处。他历经了重重考验，而敢吃苦是成就他好口才的基本前提。

古希腊演说家狄摩西尼小时候口吃，他非常害怕说话，但是他有一个愿望，就是成为一名演说家。为此，他吃尽了苦头，为了能够矫正口吃的毛病，他甚至把小石头含在口中不断练习。为了避免他人打扰，他把头发剃掉了一半，硬是逼着自己潜心练习口才。功夫不负有心人，在20年后，他终于成为古希腊出色的演说家。

美国前总统林肯出身于农民家庭，家境不好，在当时没有任何社会地位。但是林肯从未放弃练习口才。他曾经徒步几十公里去听律师辩论，听传教士布道，听政界人士演讲，然后模仿练习。有时他还会在广袤的农田中独自练习，一遍又一遍试讲。终于，他成为美国的演讲家。正是凭借着出色的口才，林肯最终成为美国总统。

吃得苦中苦，方为人上人，练就一副好口才同样如此。看着那些演讲家、辩论家在台上光鲜亮丽，可是他们背后辛勤的付出和努力的汗水又有谁看到了呢？因此，想要成功，就要敢于付出，敢于吃苦。

（二）看清形势，有远见卓识

张仪在外交上，为什么这么厉害呢？在那个策士满天飞的年代，身为秦之客卿的张仪，在游说上有哪些独到的技巧呢？

根本原因在于，张仪能看清形势，有远见卓识，能对一个国家甚至多个国家的局势作出合理的分析和判断，并且提前做好准备。这需要很强的分析能力和敏锐的政治直觉。他知道各个国家之间都在互相算计，各个国家之所以联合起来都是为了利益。因此，他在游说燕王的时候，就故意挑拨离间，让燕王跟赵国

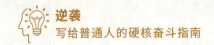

反目。

《三国演义》中的诸葛亮口才出众，其中"舌战群儒"的一段更是令人拍案叫绝。诸葛亮未出茅庐的时候，就已经对天下大势了如指掌了。来到东吴后，他对当时的形势更是胜券在握。诸葛亮初入柴桑，号称东吴第一大谋士的张昭率先对其发难，讲到刘备三顾茅庐，结果落了个失荆襄的下场，荆襄之地已然被曹操占领，问诸葛亮有什么好计策？诸葛亮心里清楚，若是不先扳倒张昭，就难以服众，更别说说服孙权联刘抗曹了。诸葛亮是这样说的："刘备要想取得荆襄，易如反掌，只是不忍心夺取同宗基业，因此才会被曹贼占了便宜。而今屯兵江夏，自然有宏图大计，像你这种等闲之辈哪里能明白呢？社稷安危，国家大事都是需要真才实学的人出主意，都像你这样逞口舌之争，真遇到大事，也指望不上，反而被人耻笑。"一番话下来，弄得张昭哑口无言。

看清形势，顾全大局，好的口才才有用武之地，《鬼谷子》有言："人言者，动也。己默者，静也。因其言，听其辞。"对方发难后，以静制动，才能够凭借着好口才见招拆招。

(三) 好口才离不开心理学

好的口才需要察言观色，深谙对方的心思。张仪能看透每个人心里想什么。他是一个不折不扣的功利主义者，认为人都是贪图利益的，所以每次游说时，他都能抓住诸侯最在乎的利益点，并且站在对方的角度去思考和说服。比如秦国打败魏国后，张仪劝魏王投降秦国。他用心揣摩魏王的心思，并且站在魏王的角度去阐述。他既用充足的理由说明了秦魏结盟的好处和必要性，又暗示了秦国的强大和魏国的危机。在游说中，张仪的核心技巧总结起来就是：抓住人内心欲望与恐惧的两端，不断向游说对象强化这两种意识，让其产生趋利避害的心理，从而相信张仪的提议就是利益最大化的选择。

鬼谷子曾说，学会读心是成为纵横策士的重要因素。只有把握对方的心理，才能够让自己的辩论处于上风，才能够让对方心服口服。几千年前的口才训练方法论在今天同样适用。

人的一生，都离不开社交，社交的对象有亲友、同事和陌生人。如何与别人更好地打交道，如何避免说错话，如何不得罪人，都需要具备一项基本的技能，那就是社交心理学。

好的口才离不开心理学技巧。奥巴马的夫人曾到北京大学做演讲，开口第一句话就让北大学子心中暖暖的。她是这样说的："我今天到这里是因为我知道，我们的未来，取决于全世界像你们这样的年轻人之间的联系……国与国之间的关系不只是政府或领导人之间的关系，更是人民之间，特别是年轻人之间的关系。"短短几句话不仅赞美了北大学子，同时也与当下年轻人渴望改变的心理相契合，从而拉近了她与听众之间的距离。

（四）随机应变显情商

在社交中，人们会面临着不同的场景、人群以及问题，能够做到随机应变，无疑能够让你的口才发挥出更好的效果。在交谈时，张仪能根据不同情况灵活应对。在游说楚王时，张仪看出了楚王贪心又愚蠢，所以给他开出很高的价码，说了一堆好听的话，诱惑他答应秦国的条件。在面对最强硬的反秦国家赵国时，张仪就不再客气了，直接分析秦国有能力联合魏、韩、齐一起消灭赵国，这番充满杀意的说辞震慑住了赵王，让赵王立刻答应了他的提议，与秦国结好。

男模张亮，在参加综艺《爸爸去哪儿》后爆红。同其他明星一样，张亮也被传出耍大牌的绯闻。有次在录制节目的间隙，由于张亮拒绝媒体的拍照，惹怒了一些媒体人士。眼看无法收场，原以为张亮会像其他明星那样，要么一本正经拒绝到底，要么委曲求全讨好媒体，没想到张亮用一句话轻松化解："等你们来北京的时候，我请你们吃麻辣烫。"原本气鼓鼓的媒体记者，被张亮突如其来的热

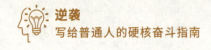
络邀请打动了，张亮也避免了一场口诛笔伐。

　　总之，好口才不仅仅是熟悉掌握各类论辩技巧，说起话来口若悬河、滔滔不绝，还需要根据不同的对象和情况，选择合适的话语和策略，让他们相信我们的话。好口才的背后，是对局势的把握，是对人性的洞察。站在对方的角度思考问题，清楚所有人之间的利害关系，因势利导，随时调整自己，才是成功的关键。能做到这些，我们又何愁不能成功呢？

第四章
吕不韦

投资"人脉"，
让你越活越值钱

吕不韦

投资"人脉"，让你越活越值钱

人生走势如何，关键在于如何投资。

当下生活中，有针对实体资产的投资，比如投资开店；也有针对虚拟资产的投资，比如炒股、买基金；更有广义的"投资"，譬如对家人及自己进行的投资，比如说给孩子报辅导班、兴趣班，自己办健身卡、学习新技能等。投资是有风险的，当然也是有收益的，二者如影随形。

人们进行各类投资，必然希望能够用小成本撬动大收益。

那么我们如果有资本、有能力，投资什么样的项目收益最大呢？对于缺乏资源的普通人来说，反而是广义的投资更具吸引力——投资自身、投资家人都是成长性的，可以让我们收获颇多，毕竟"打铁还需自身硬"。

此外，还有一项投资也不容忽视，那就是投资"人脉"。自古以来，国人的人际关系以"熟人社会"的交往模式为主轴，这也成为个人发展道路上的助力或阻碍。因此人脉投资也就成了长线经营一个人人生路径不可或缺的关键项目。说到这儿，就不得不提到我国历史上最早的"天使投资人"，也是战国时期最成功的商人之一——吕不韦。

吕不韦是战国末年的商人，也是秦国的宰相，很有政治与文学才能。他用自身的商业智慧和政治手腕，为自己赢得了财富和权势。

而他的一生中,收益最大的一次投资行为,要数"人脉投资"。他选中的投资对象是嬴异人,也就是后来的秦庄襄王。吕不韦以独特的眼光发掘投资目标,用一千金买下了一个落魄的公子,经过七年的运作和游说,让其成为秦国的王位继承人,从而为自己打开了一片新天地,也让自己从一个成功的商人完成了阶级跃升,站上了封建帝国权力的最顶峰。

不得不说这是一次高风险高收益的绝妙投资。那么,吕不韦的"人脉投资"到底是如何操作的,流程之中又有多少我们可以借鉴并运用到生活中的方法?实现阶级跃升,靠"人脉投资"真的可行吗?这要从吕不韦的生平说起。

有效经营人脉网络,适时运筹帷幄

吕不韦出生于卫国濮阳一个王宫守门人的家中,他从小就展现出超凡的商业头脑和敏锐的商业嗅觉。他喜欢阅读各种书籍,了解各国的风土人情和政治局势。他利用自己的知识和见识,从事各种贸易活动。他擅长低买高卖,以小博大,从而赚取巨额的利润,可以说是一位天生的商人。

在经商过程中,他不仅积累了财富,也积累了人脉。

值得注意的是,吕不韦的人脉经营,显然是有意为之的。人与人之间的关系被他当作可以利用的隐形资源,他的每一步交往,都是在为将来积累可用资源。

他广结贤士,招揽有才能、有名望的人物为自己效力。他结交诸侯,利用自己的商业和外交手段,与各国的王公贵族、大臣重臣、宾客门客等,都建立了良好的关系。他拉拢亲属,利用自己的亲属关系,为自己在秦国内部或者外部争取更多的支持和助力。他培养门生,收留有才能、有志向的年轻人,为自己组建智囊团,储备后备力量。

放在现代,吕不韦运用的正是同事、朋友甚至点头之交组成的人脉网络,为自身储备资源。

人与人之间的联结既微妙,又比我们通常认为的要密切。1967年,哈佛大学的心理学教授斯坦利·米尔格拉姆提出用"六度分隔理论"来描绘人际社会，简单地说，就是一个个体与另外一个陌生人之间所间隔的人不会超过六个。换言之，我们可以通过六个人的关系网络去结识任何一个陌生人，可见人脉的灵活性与潜力。

吕不韦不仅擅长在人脉网络中运筹帷幄，而且他还是一个全方位、多角度、高效率的投资高手。

吕不韦的商业帝国，虽然在当时已经十分庞大和强大，但是他并没有满足。他不仅要有钱，还要有权。

毕竟在春秋战国时代，从商的上限远远不如从政。作为一个商人，他在封建社会中的地位始终是低下和不稳定的。他想要改变自己的命运，跨越自己的阶层。于是，他开始寻找一个能够让他实现梦想的机会。此时，有一个人为吕不韦带来了机会。

有一年，吕不韦到赵国邯郸做生意，遇到了正在赵国做质子的嬴异人。吕不韦眼光敏锐地发现，自己可能等来了腾飞的机会。嬴异人是秦国太子安国君嬴柱的庶子，他在秦国没有任何地位和势力，由于母子都不受宠，被送到赵国作质子。当时秦国和赵国频繁交战，这导致嬴异人在赵国的生活十分困窘，没有足够的钱财和物资，没有朋友和亲人，也没有尊严和自由。

吕不韦一见到嬴异人，就觉得这个年轻人不正像一件奇货吗？潜力无穷，待价而沽，目前无人问津，正需要有人拉一把。

吕不韦所谓的"奇货可居"，自然不是大发善心，而是他发现自己可以借助嬴异人的身份进行运作，打入秦国的政治最高层中。同时嬴异人此时正孤立无援，向这类人伸出援手，自然更容易打造彼此之间的信赖关系。

于是，吕不韦决定拿下这个年轻人。他回家后与父亲商量，父亲也认为这是一个千载难逢的机会。于是，吕不韦拿出一千金，去拜访嬴异人，并向嬴异人阐述了自己的计划。

吕不韦告诉嬴异人："现在的秦王已经老了，你的父亲安国君嬴柱现在是太子，继承王位几乎是板上钉钉的事情。他继位后，肯定要立储君。他膝下虽有20多个儿子，但没有嫡子，他最宠爱的华阳夫人无子，所以肯定会从这20多个儿子之中选一个进行栽培。你虽然是庶子，但还是有机会成为继承人的。怎么抓住这个机会呢？突破口就在华阳夫人。华阳夫人有很大的话语权，她可以决定谁能成为安国君的继承人。如果华阳夫人收养你当儿子，那么一切都好说了。"

听吕不韦这样一说，嬴异人难免心动。可是，怎么才能让华阳夫人收养自己呢？打点这一切需要的资金和资源，自己目前也不具备呀。

这就是吕不韦的人脉网络能够运作的核心内容了。

吕不韦显然知道嬴异人的担忧。于是，吕不韦表示，他愿意用自己的钱财和人脉，来帮嬴异人实现这个目标。

为了展示自己的诚意，他愿意给嬴异人五百金的生活费，让其在赵国过上富足安逸的生活。再拿出五百金买珍奇玩物，由自己带着去秦国游说，从下往上，各个击破，先说服华阳夫人的弟弟阳泉君，再和阳泉君一起说服华阳夫人收养、栽培嬴异人。然后，由华阳夫人做好安国君的工作，让嬴异人声名鹊起。与此同时，他还愿意用自己的影响力，为其在秦国内部和外部争取更多的支持，让其在王位争夺中占据优势。

吕不韦还说，即使这事成不了，也没有关系。

吕不韦话都说到这个份儿上了，如果你是嬴异人，你会怎么选择呢？

对嬴异人来说，在困顿之时，有人愿意拉他一把，而且有如此诱人的机会摆在他面前，试一试，有可能成功，不试，绝对不会成功。那试一试又何妨？

那么，如何像吕不韦选中嬴异人一样，在人海中挑中可投资作为"人脉"的对象呢？

以下几个步骤可供参考：

第一步，扩大社交圈，拓展人脉，留心观察。

吕不韦正是通过长期有意识的人脉积累，才有机会积攒经济、身份地位等个人资源，足以接近质子嬴异人，并且能够通过各方信息，汇总提炼出秦国当时的政治局势，以便为嬴异人提供上升路径，打动对方。

现实生活中有意识地扩展交际圈极其重要，交际圈的扩展要重质也重量，这样才能有效积累人脉。

第二步，寻找合适的目标对象。

人脉投资与经济投资有共通之处，譬如"股神"巴菲特选择投资对象时会考虑该企业的业务、管理、盈利能力、发展前景，等等，并尽量选择优质的长期持有对象。同理，人脉投资也应当注重对象的发展前景、发展空间、个人基本素质，等等。

在经济学中，由诺贝尔经济学奖获得者威廉·夏普提出的夏普比率，可以用来衡量不同投资的风险与收益：夏普比率=（投资组合预期年化报酬率−年化无风险利率）/投资组合年化报酬率的标准差。在人脉投资上，也可以利用类似的衡量比率来判断目标对象。

如吕不韦投资嬴异人的案例中，嬴异人虽然起点较低，外部资源不足，但自身素质过硬，身为储君庶子，处在较高的平台上，具有较广阔的发展空间。综合评定下来，扶持嬴异人上位是低风险、高投入、极高收益的投资活动，何乐而不为呢？

第三步，进行观察、调查，全方位衡量目标对象。

这一过程类似职场中的背景调查。在现代的招聘体系中，企业对受聘者进行背景调查，意在确保对方的资历准确无误，也在一定程度上考核对方的信用，综合来说，是对受聘者整体素质的调查。

在人脉投资中，这也是必不可少的一步。比起雇佣关系，人脉关系更加幽微、更加难以捉摸。如果无法提前调查判断对方的品性，就相当于踩在地雷阵中，很难彼此信任。

第四步，积累交往资源，寻找共同利益，吸引对方，实现双方共赢。

　　人际交往的关键除了掌握交往技巧、寻找志趣相投的人，核心还在于共同利益的运作。吕不韦正是抓稳了这一点，才让嬴异人答应了自己的提议。至此，两人的利益紧紧捆绑在一起，关系也日益密切起来。

共同利益是撬动人脉的关键

　　吕不韦在与嬴异人初见时，就直接击中了嬴异人心中的所图所想。

　　他认为嬴异人奇货可居，登门拜访时直言："吾能大子之门！"就是说，我可以壮大您的门第，让您飞黄腾达。这个承诺的诱人程度可见一斑。

　　嬴异人此时并不相信吕不韦，他笑着说："还是先提高你自己的门第吧！"

　　吕不韦并不气恼，反而声称"吾门待子门而大"，我的门第还要仰仗您的门第，您飞黄腾达了，我才能跟着您扶摇直上——这是直接把两个人说成了"一条绳上的蚂蚱"。吕不韦用一句话将自己和嬴异人捆绑为利益共同体，将自身的荣辱附着在嬴异人的命运上。

　　自然，嬴异人也被他打动，一改先前的态度，邀请他进来坐下详谈。听完吕不韦的计划，嬴异人表示，如果这个目标远大的计划能够实现，愿意把秦国分给吕不韦一同治理。

　　从两人初见我们可以看出，这不仅仅是吕不韦对嬴异人单方面的人脉投资，嬴异人也用"分秦国与君共之"这一诱人的条件作为和吕不韦之间的共同利益，增强彼此信任。

　　更有野史认为，秦始皇嬴政的母亲赵姬原本就是吕不韦的姬妾，吕不韦将赵姬送给嬴异人，用美人来增进合作伙伴之间的关系，更用赵姬与赵姬的子嗣搭建新的人脉资源，为自身将来在秦国的地位打下基础。

　　当然，两人的合作，并非一帆风顺，而是困难重重。比如在公元前257年，秦赵之间关系紧张，秦国发兵围攻赵国的都城邯郸，嬴异人成为瓮中之鳖，险些遭到赵国国君的毒手。此时也是吕不韦掏出重金贿赂守城官员，带着嬴异人逃出

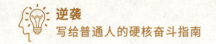

赵国，可惜的是，赢异人的妻子赵姬与儿子赢政仍被困在赵国。

但是，在重重困难之下，吕不韦和赢异人并没有放弃，他们始终坚守着彼此之间的共同利益。最终，在公元前250年，两人的目标达成，赢异人成为秦庄襄王，而吕不韦也成为秦国最有权势和声望的大臣之一。

在现代的人际关系中，抓准共同利益也能达成蛇打七寸的效果。

人与人之间，往往充满了试探，总是在权衡利弊。利益时常是社会交往的核心所在，特别是职场、商场、社会中的交往，更倾向于资源交换。对方能提供我所需要的，我们就可以暂时结成朋友；反之，一旦对方对我形成阻碍，我们就成了敌人。

情势转换，瞬息之间。

显贵时为友，落魄时为敌。如果我们本着"寸利不让"的心态去共事，势必会在某个环节发生冲突，但是如果能找到共同利益，那么长久的联盟也不在话下。

比如在现代的雇佣关系中，许多"打工人"认为老板是"资本家"，而老板认为雇员是可以随便"剥削"的对象，不需要有自己的生活——这就是典型的认知误区。企业与雇员之间完全可以结成共同利益团体，企业的发展依靠员工的努力来支撑，而企业发展态势良好可以为员工本身提供更好的资源平台，充实员工的履历。可见，采取"双赢"的姿态，能在人脉关系中达到更好的效果。

吕不韦投资赢异人的故事，堪称投资"人脉"的成功典范。他用一千金，换来了无数的财富和无尽的权势。

同样的"人脉"，用出不同的效果

当然，与吕不韦一样慧眼独具，并不意味着就能完美地收获回馈——找准人脉之后，如何用人，也是一门学问。

任正非在华为的管理中坚持认为，人才是企业的管理命脉。人脉必须与执行相匹配。尤其是当一个人从默默无闻的小人物渐渐做到管理层，很可能面临会看人却不会用人的窘境。

比如《三国演义》中的袁绍可以说是"知人善用"的反面案例。袁绍手下可谓人才济济，更是不缺忠义之士，可几乎全天下的人都知道袁绍的谋臣们彼此不和。

曹操阵营的荀彧一一道破了袁绍手下人的缺陷，又说这些人"势不相容"。刘备也跟陈登说"袁绍谋臣不和，尚未进取"，郭嘉也说"袁家的谋士互相嫉妒"。袁绍的团队中，沮授原本不愿意袁绍出兵帮刘备打曹操，认为出师无名，不够理直气壮，袁绍不听他的，他很生气；另一边，袁绍令审配带兵，许攸心里不服气，也搞起小团队。

团队离心，说到底，还是领导者袁绍的问题。

属下田丰给袁绍的建议都是根据局势作出的，相对合理。田丰不建议袁绍前往许都讨伐曹操，袁绍不仅不采纳，还认为田丰"弄文轻武，使我失大义"，差点儿杀了田丰。

在选择先锋时沮授又与袁绍产生了分歧，沮授建议不要让性格狭隘的颜良独自作为先锋，袁绍不采纳。后来沮授遭罢黜，田丰下狱，审配、郭图争权，袁绍更是无法主持大局。

没关系，他还有好几张"好牌"，可他还在犯错。袁军的运粮车被劫，审配提醒袁绍注意囤粮的乌巢，要重兵把守。袁绍倒是派了两万军士，但率领他们的大将淳于琼好饮酒，性格还刚烈不听劝，到了乌巢后日日饮酒，这粮食如何能守得住呢？可见袁绍是"有才而不能用，善闻而不能纳"，只会听，不会办，对于该用什么人做什么事，更是毫无主张。同时谋臣许攸又对他说，曹操的大本营许都此时必定空虚，建议他派轻骑去抄曹操老家。首尾相攻，这是一条十分狠毒有效的计谋。只可惜，袁绍根本不听，气得许攸大骂"竖子不足与谋"。许攸连夜投奔了曹操，而且还给曹操出了火烧乌巢的致命杀计。

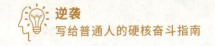

这就是典型的有人可用，却不会用人。

想要做到"知人善用"，可以参考艾柯卡用人法则，它来自李·艾柯卡，其方法主要分为四个部分。首先，常与属下交谈。他认为管理就是一种发动他人的工作，而交谈在其中起着至关重要的作用。其次，定期实行检查制度。制定计划、定期检查，能够有效发挥员工积极性，同时及时强制沟通，增进不同层级员工之间的关系。再次，合理分工，合理放权，使员工能够"术业有专攻"，给予对方足够的信任。最后，还要采取适当方式激发员工积极性，促进对方的主观能动性。

事实上，"知人善用"并不只是上层对下层的艺术，下层也同样可以对上层使用，这就是所谓的"向上管理"。这些用人法则，在吕不韦投资赢异人的故事中，都可以找到蛛丝马迹。

那么，普通人到底该如何投资"人脉"呢？我认为，我们可以关注以下几个层面。

第一，用心观察，发现有潜力的人才。吕不韦之所以能够看中赢异人，是因为他有着超凡的洞察力和判断力。他能够从赢异人的身世和处境中，看到他的机会和可能，看到他的未来和价值。我们也要学会用敏锐的眼光，去发掘身边有潜力的人才，不要被表象所迷惑，不要被偏见所束缚。用心去观察、去了解、去沟通，找到那些能够与我们共同成长、共同进步、共同成功的人才。

第二，不怕风险，大胆投资有潜力的人才。吕不韦之所以能够成功投资赢异人，是因为他具备敢于冒险的精神。他不怕冒险，不计较自己的得失，不惜用自己的一千金，去投资一个落魄的公子，去帮助一个陌生的人质。当我们遇到了有潜力的人才，不要吝啬自己的钱财、时间、精力、知识、经验等资源。不妨大方地去给予、去支持、去鼓励，培养那些能够与我们共同创造、共同贡献、共同收获的人才。

第三，不短视，有长远的眼光和长期的规划。吕不韦具有长远的眼光和足够的耐心。他不仅给嬴异人提供了短期的利益和目标，还提供了长期的愿景和规划；不仅提供了个人的帮助和保护，还提供了团队的协作和支持。我们在培养有潜力的人才时，也要像吕不韦这样，不要只看到眼前的利益和成果，还要看到未来的发展和潜力。

　　做到以上三点，抓住共同利益，秉持运用人脉的底层思维，才有可能像吕不韦那样，凭借着对"人脉"的投资，让自己的人生更有价值，从底层稳步上升。

第五章

李斯

努力一生依然无法成功，
是因为选错了平台

李斯

努力一生依然无法成功，是因为选错了平台

相信很多朋友都听说过李斯，他是秦朝丞相，辅佐秦始皇统一天下，立下汗马功劳，并协助秦始皇制定了郡县制、统一度量衡、统一货币等一系列的政策，他的功绩甚至延续至今。可李斯是如何完成从小吏到大秦丞相的蜕变的呢？他的成功之路带给我们哪些启示呢？

选对平台，环境决定你的发展空间

很少有人知道，李斯早年只是一名郡中小吏，而激励他从郡中小吏一步一步成为大秦丞相的动力，居然源自一次厕所观鼠的经历。

话说，年少时的李斯安安稳稳地在楚国上蔡郡当一名小吏。他的日常工作量并不大，饿不死，但也富不了，有些许的单调无聊。本来这样的日子可能会一直持续下去。可是，意外发生了。说是意外，其实也只是一件极其平常的小事，但就是这样的小事，改变了李斯日后的人生轨迹。

李斯去粮仓边儿的厕所如厕，刚一进去，里面的老鼠就跑得没影儿了。他观察到，这帮厕所里的老鼠个个瘦得不成样子，缩头探脑，毛发灰扑扑的，身上又脏又臭。这些老鼠躲躲藏藏的，见不得光，人人喊打。李斯又想起自己在粮仓里

见到的老鼠，跟厕所里的老鼠比起来，它们可真是太幸福了！那帮家伙，一个个吃得滚圆滚圆的，毛发锃亮，整天在粮仓里撒欢儿，见了人不但不逃，竟然还瞪眼看人。

同样是老鼠，所处的位置不同，生活状态上的差别却很大。李斯不由得感慨，人生如鼠，不在仓就在厕，位置不同，命运也就不同。自己作为上蔡郡的小吏，不正像厕所里的老鼠那样吗？

现况如此，那不如离开这个"厕所"，找到"粮仓"，换种活法。

想明白这一点，李斯就辞职了。他离开了这个小城，踏上了寻找"粮仓"之路。他觉得楚国不足以实现自己的抱负，而秦国正是强大而有野心的国家，正处于上升阶段。于是，他决定西行入秦。20多年后，他就把家安在了秦都咸阳的丞相府中。

我们在就业时，也会像李斯那样，面临着不同的平台选择。

有一句话说得好——选择比努力更重要。有些平台是"厕所"，有些平台是"粮仓"。如果我们选择了"厕所"，我们就只能在低端的岗位上打工，没有滋养自己的食粮，没有发展的空间，何来广阔的发展机会？如果我们选择了"粮仓"，我们就能在高端的岗位上开创事业，有无限的可能和潜力。

平台重要性的体现，在古代选择"老大"的事件中比比皆是。

韩信曾经受到过"胯下之辱"，立志要成为乱世之中的一名大将。他很有军事才华，曾有"韩信将兵，多多益善"的典故，可见他的将才。但一开始，他在项羽的手下并不受重用，后来投靠刘邦才得到赏识，终于成为大将。

韩信能取得成就很大程度上归功于刘邦肯给他施展才能的平台，一个人的能力再强，倘若没有平台的支持，他的才华也是没法施展的，只能抱有满腔怀才不遇的愤懑和哀叹。

如今机会众多，平台众多，我们并不像愤而离去的韩信，在两大阵营面前只能做非此即彼的选择。我们需要有眼界，有长远的目光，就像一心想要扎营于"粮仓"的李斯，如果想获得成功，就必须主动选择一个好的平台，也就是"粮仓"。"粮仓"可以给我们提供更多的机会、资源等，让我们能够更好地发挥潜能和优势。如果我们选择了一个不好的平台，根本得不到真正丰富的滋养，我们就会限制自己的想象力，束缚自己的拳脚，甚至消磨了向上的心态，一事无成，直至被淘汰出局。

我们在就业时，应该怎样选择适合自己的平台呢？怎样判断平台的价值呢？可以从以下几点入手。

1.看社会公认度。现如今网络发达，可以通过网络评价了解到企业的社会公认度。

2.看第三方机构评价。比如你可以通过一些求职类App了解到企业的经营状况、财务状况以及发展前景。

3.实地考察情况。利用面试的机会，观察分析，体会企业的文化、环境及其带给你的真实感受。

4.了解内部消息。如今获取信息的渠道广泛，可以利用各种方式浏览企业的网站、论坛等，也可以通过内部人员了解他们工作的具体感受。

对于求职者而言，需要关注的平台的价值有三种：前途、"钱途"和"潜途"。三者分别对应事业发展、物质基础和个人成长空间三个维度。

不同的平台带来不同的发展，就如同"厕中之鼠"和"仓中之鼠"，当你是前者时，你注定要过着安于现状甚至是不如意的生活，但当你成为后者时，你可能会拥有完全不一样的人生，因此我们要成为"仓中之鼠"，而非"厕中之鼠"。

当你意识到，你需要寻找一个更好的平台来实现抱负时，恭喜你，你已经踏上了成功之路，未来一定会走向更广阔的天地。

提升自己，用知识来为自己赋能

确定好了自己终将要跳上的平台，还需要有与平台相匹配的能力，跨过准入门槛，才有机会迈向自己向往的位置。

于是，李斯来到荀子的门下，学习帝王之术。荀子是儒家学派的代表人物之一，然而，他并不像孟子一样主张"性善论"，而是主张人性本恶。这大概跟当时的社会现状有关。荀子所生活的时代，比孟子那时更加糟糕，战乱频仍，百姓流离失所。所以荀子主张用礼法来约束人性。

经过勤奋刻苦的学习，李斯基本上掌握了治理国家的学问。他以自己的满腔热血和政治才华，实现了自己的政治抱负，成为秦国举足轻重的人物，成了真正的"仓中之鼠"。

现如今，大家总是强调天赋的重要性，但是只有天赋而不发挥，又有何用呢？每个人都有自己的特点，有自己的天分，只有在正确的方向上努力，才能将天赋发挥到最大的限度。

朱光潜先生在《谈美书简》中讲道："人既然有生命力，就要使他的生命力有用武之地，就要动，动就能发挥生命力，就感到舒畅；不动就感到闷，闷就是生命力被堵住，不得畅通，就感到愁苦。"

反观李斯，最原始的生命力就是要成为"仓中之鼠"。他的政治天分极高，在洋洋洒洒的《谏逐客书》中得到了完美的展现，但是他需要机会，这个机会就是走向更大的政治舞台。所以，他费尽心机做好准备，寻求能够走上这条路的机会。

向着自己想要踏上的平台进发，李斯还做出了自己的选择与努力。

在山东求学的几年，李斯结识了一个"富二代"同学，他就是韩非。在荀子门下完成学业后，两人各奔东西。韩非选择回国，埋头著述，其文章被后人整理为《韩非子》一书。而李斯在荀子门下学习治国之术，提高了自己的能力后，便

决定前往秦国。

我们想找到"粮仓"，从小平台跳到大平台，势必要对自己有更高的要求，因此必须提升自己。首先要满足平台的一些要求，也就是说，要够得到准入门槛，比如学历、知识技能等。李斯师从一代儒学大师荀子学习治国之术，也是希望能在荀子的指导和帮助下，不断沉淀，提高自己的能力。

或许我们没有特殊的天分，但只要有自己想要做的事情，对自己有清晰的认知，对未来有美好的憧憬和规划，再加上超于常人的努力，一定能让自己的人生不留遗憾。

现代人普遍浮躁，怎样才能沉下心来，关注自身的提升，做与众不同的那位呢？

首先，要有明确的目标。只要有了目标，就有了方向，有了动力，让自己的奋斗有了依据。反之，则像无头苍蝇一般，只能碌碌无为。

其次，学会时间管理。现代生活节奏太快，碎片化时间太多，要集中自己的精力，用在自己喜欢的某一件事情上，或者充分利用"碎片"，让他们拼凑成最有价值的堡垒。

再次，多和你认为厉害的人接触。所谓"近朱者赤，近墨者黑"，融入圈子是提升自己最直接的方式。

……

"凿壁偷光""悬梁刺股"是我们耳熟能详的刻苦提升自己的典故，没有突出的天赋做基础，可以用后天的努力来补齐，"只要思想不滑坡，办法总比困难多"。天道酬勤，为了自己的美好愿景，不如放手一搏，燃烧自己，这本身就是生命最美好的姿态。

抓住机遇，让才华有用武之地

世事如棋局，世人为棋子。人生没有常态，世事难料。要想成功，努力与能力固然重要，但更重要的是要能抓住一招制胜的机会。这里的决定因素就是"势"，即形势，"形势比人强"。

会下象棋的人都知道，棋子在棋盘中的作用包含两部分：一部分是"子"，即具体的车、马、炮、士、象、卒。另一部分是"势"，指局势，是棋局发展的趋势和走向。在棋局中，"子"固然很重要，但在对局中的"势"比"子"更为重要。局势优劣的不同，会导致不同的棋局走向。

现实中，我们需要对形势有清晰的洞察力，将稍纵即逝的机会牢牢握在手中。李斯对当时的局势认识得非常清晰，他寻找最适合自己发展的机会，投靠最能给自己资源的势力，最终让自己的"子力"发挥到最大的限度，从而实现了自己的政治理想。

李斯就深谙"势"与"子"当中的奥秘：

李斯到了秦国后，正巧赶上了秦庄襄王（嬴异人）离世，年仅13岁的秦王嬴政继位。当时的政治大权，由秦相吕不韦独揽。于是，李斯投到吕不韦的门下，没过多久，他便凭借敏锐的智慧和卓越才能赢得了吕不韦的信任，被任命为郎官，从而获得了接近秦王嬴政的机会。李斯抓住机会，充分展示自己的政治才华。他劝说秦王嬴政灭诸侯，成帝业。他的建议，刚好迎合了秦王嬴政的心理。嬴政采纳了他的建议，并让他来筹划统一的具体事项。不久，嬴政便任命李斯为长史，紧接着，李斯又被任命为客卿，李斯的人生即将走向巅峰。

所谓的"势"，说白了，就是摆在眼前的时机。实力是根基，成功是意图，而时机则是关键。周瑜曾经感叹"万事俱备，只欠东风"，"东风"就是没有到来的机会，就是事情成功的关键。他清晰地认知到自己需要什么，需要谁来求得

"一场东风"。李斯也一样，具备了实力和目标，还需要一个好机会，还需要知道靠近什么样的人能给他提供机会。于是他主动寻找机会，主动创造机会，发现后便迅速抓住。居里夫人讲过："弱者坐待时机，强者创造时机。"机会不是"躺平"后等来的，不是被迫的，而是自己主动创造的。

刘备三顾茅庐，诸葛亮才肯出山，其实是诸葛亮化被动为主动，他并不是没人可选，才选刘备当主公，而是对于要跟随的团队有自己的要求，要契合自己的职业发展方向。诸葛亮要廓清宇内，兴复汉室，让天下重归太平，所以他的主公一定是公正、廉洁、爱民而且还要有进取心的，不仅要有能力，最好还是汉室宗亲。曹操、刘表之流都有一些地方不符合，最理想的是刘备。而且诸葛亮想要的是能够实现愿望的大平台，希望能够认识到他是个人才，还能让他充分发挥才能。赤壁之战后，张昭就来挖过墙脚，希望他加入江东，他的回答是："孙将军可谓人主，然观其度，能贤亮而不能尽亮，吾是以不留。"只有刘备，能够"贤他，尽他"。

诸葛亮有自己的标准，而非一味地被感动，从而被迫跟随人主。刘备的到来就是理想的机会，他抓住了这个机会，从而实现了自己的抱负。

把握机会的过程都是经过精心准备和挑选的，而不是仅靠难以说清的、难以捉摸的"缘分"来决定的。佳话的背后总是有些人为的因素。

李斯也是如此，选择吕不韦，选择嬴政，都是忠于自己而抓住的绝妙好机会。

积极面对，化危机为转机

就算强如李斯，还是会有危机来临的时候，这一次危机的来临是他政治生涯的转折点，但究竟是一落千丈，还是"好风凭借力，送我上青云"呢？且看李斯遇到了什么，他又是凭借什么来巧妙化解的。

当时，韩国派水利工程师郑国来秦国修水渠，正是这件事让李斯的从政之路差点终结。有人说郑国是韩国派来的奸细，修水渠，是为了消耗秦国大量的人力物力，并不是来帮秦国改善水利工程的。接着，又有大臣上奏，在秦国内部，也有很多来自六国的客卿，他们居心叵测，很可能是六国派来的奸细，提议把客卿都赶出秦国。公元前237年，秦王嬴政下令驱逐六国客卿。李斯是楚国人，恰好也在被驱逐的范围内。

李斯这时候非常恼火，本来马上就要成为秦国重臣了，谁料来了个政治风波。怎么办呢？难道真的要选择卷铺盖走人吗？那之前在秦国所有的努力也就白费了。不行，李斯不服气，为了保住自己的来之不易的地位，必须拼死挣扎，于是决定找秦王理论。但是要怎么说呢？难道要直接驳斥秦王吗？那样做连活着走出大殿都不可能。当然要讲究技巧和说辞。

在危急和困苦当中，李斯写了一封谏书呈上，也就是著名的《谏逐客书》。凭着这封谏书，李斯力挽狂澜，让嬴政收回了成命。一封谏书，怎么会产生如此大的作用呢？这里，就不得不提一下这篇文章的劝说技巧了。李斯写这篇文章的目的是不让自己被驱逐，但是他在整篇文章中，对个人的荣辱进退只字未提，而是站在一个比较客观的角度，站在秦国统一大业的角度去阐述，去劝说嬴政，条分缕析，陈述了在秦国的外国人对秦国作出的贡献。更重要的是，他还详陈了驱逐客卿的害处，任用客卿的好处。驱逐客卿，那是在增加敌国的资本，损害秦国的利益。李斯的话，句句为秦国着想，为嬴政着想，抓住了嬴政的心，直击要害。这样一来，嬴政就很容易产生共鸣，自然也就很容易被他的说法所打动。

逐客危机解除后，在嬴政的重用下，李斯逐步晋升，最终成为秦朝的丞相。在丞相的职位上，他帮助嬴政完成了统一六国的伟业，并为秦朝的建设和发展作出了巨大贡献。

可见，危机来临时，只有勇敢面对，才有可能安然度过。有时候危机会成为自己的转机，能够让自己收获意想不到的效果。倘若轻言放弃，就只有被淘汰的

"危"，没有扭转局势的"机"。鲁迅先生尝言："真正的勇士，敢于直面惨淡的人生，敢于正视淋漓的鲜血。"做一个勇士，强于对什么都"随遇而安"的懦弱者。但是勇敢不是"蛮干"，还需要像李斯一样顺势而为。

司马迁为被迫降敌的李陵辩护，汉武帝震怒，直接将他打入大牢，并施以宫刑。因此司马迁明白了：书生的刚正不阿和帝王的专横跋扈是水火不容的。于是他不再幻想，为了"草创未就"的《史记》，全身心投入"究天人之际，通古今之变，成一家之言"的理想事业当中，完成了从御用文人到有独立人格的史家的转变。

既然危机不可避免，那应该怎样面对呢？

只有接受事实，看清并分析事情的真相，然后勇敢面对，作出自己的选择，才能做到"随物化形"。

多少伟大的人物都是凭借形势作出判断，然后作出正确的行动的。李斯看清了嬴政最想要的和最忌惮的情况，所以陈述利害，直接就将嬴政折服了，完成了危机的化解，实现了自身更高层次的蜕变。

李斯从"厕中之鼠"到"仓中之鼠"，从小平台跳到大平台的蜕变过程，看似蜿蜒复杂，实则有较为明显的因素，有许多值得我们借鉴的地方。在这些关键节点上走好每一步，我们才有可能从小平台走向适合自己的大平台，并在大平台站稳脚跟。

第六章

刘邦

拉拢人心，
学会这三招儿就够了

刘邦

拉拢人心，学会这三招儿就够了

话说，在秦朝末年，有一个叫刘季的人，年轻的时候没什么出息，整天和一群狐朋狗友混在一起，游手好闲。普通农村家庭出身的他，没什么大的志向，最多就是在看到秦始皇出巡时，会羡慕地叹息一声："大丈夫就该这样啊！"

说到这儿，大家可能知道这刘季是谁了，刘季在历史书上还有一个正式的名字——刘邦。

刘邦人到中年，还是一位小小的亭长，如果按照他人生前期的路线继续发展，他可能要在乱世度过平凡的一生。可是，意外发生了，他决定创业。

他趁着秦朝末年天下大乱，带着一群乡亲兄弟起兵反秦。他打了多年仗，历经无数艰难险阻，终于打败了强大的项羽，成为天下第一号人物——汉高祖，在逐鹿中原的乱世中脱颖而出，建立了新的大一统封建王朝——汉朝。

平民出身的刘邦，是如何在乱世中赢得无数人的拥护，成为千古一帝的呢？

从《史记》记载的一次宴席中能得到答案。刘邦击败项羽后，举行庆功宴，酒酣耳热时，他询问大臣为什么自己能赢项羽。有人回答说："陛下使人攻城略地，所降下者因以予之，与天下同利也。项羽妒贤嫉能，有功者害之，贤者疑之，战胜而不予人功，得地而不予人利，此所以失天下也。"

刘邦却认为，不仅仅是这样。

他说："夫运筹策帷帐之中，决胜于千里之外，吾不如子房；镇国家，抚百姓，给馈饷，不绝粮道，吾不如萧何；连百万之军，战必胜，攻必取，吾不如韩信。此三者，皆人杰也，吾能用之，此吾所以取天下也。项羽有一范增而不能用，此其所以为我擒也。"

意思就是，术业有专攻，张良、萧何、韩信三人在各自擅长的领域都是顶尖人才，比刘邦本人更强，而刘邦之所以夺得天下，正是因为能统帅并且良好地运用这三位人杰。

可见关键之处，在于刘邦会用人，能够网罗人才，笼络人心，而项羽一意孤行，嫉贤妒能，任人唯亲。

草根混混儿出身的刘邦，早年间数十年来不务正业，凭什么汇聚了这么一帮超能智囊和超强打手？不得不说，除了运气和机遇，他还掌握了一门最重要的艺术，就是拉拢人心！

所谓拉拢人心，就是用各种方法，让别人心甘情愿地跟着你干，并且对你忠心耿耿，不离不弃。刘邦只用了三招儿，就让那么多人心甘情愿地帮他打天下。

那么，刘邦究竟用了哪三招儿呢？这些方法，对当下的创业者又有何启示呢？今天，我们就来一起拆解，刘邦拉拢人心的三大招数。

刘邦第一招儿：适时画饼

什么是画饼？

简单来说，就是作出承诺，来激发对方的工作热情。也就是给对方造梦，给对方勾画蓝图，让对方觉得跟着你有前途，有希望。"画饼"在当下语境中多为贬义，但如果中立地来解读它，也可以理解为打造共同愿景，勾勒蓝图。

这一招儿，在当下职场也很流行，不少老板和领导，也常常给员工画饼。可是，在现代语境中，画饼这一行为通常被员工"吐槽"，认为领导只是不切实际、白日做梦。为什么有的老板画的饼，员工会埋单；而有的老板画的饼，却只会引来员工的连连"吐槽"呢？其实，画饼，也是一门学问。画得好，员工一个个都愿意跟着他，工作时激情澎湃，热血高涨，能够充分发挥主观能动性。画不好，员工吐槽事小，离职走人事大，雇佣关系中，根本没有信任可言。

所以说，当一个草根起步的小人物走到管理层，想要成为一个优秀的老板，必然要成为一个擅长给员工画饼的老板。刘邦就是这样的老板，他正是抓住了画饼的关键：适时画饼，按时兑现。

比如他给吕雉画饼，这要从吕雉父亲吕公的宴会说起。

当时刘邦还是泗水亭长，吕公一家搬来沛县，设宴邀请当地有名望的人来小聚，但这个入席门槛是相当现实的，贺钱不满一千钱只能在堂下就座。刘邦只是个小吏，手中并没有什么钱。

可刘邦却来到吕公门前，听见接待的人正唱道"某人贺钱多少"，刘邦更是不屑，干脆前去，大声唱道："泗水亭长刘季贺钱一万！"

他这一声可以说让全场鸦雀无声，一万贺钱在沛县这种小地方，非常稀奇。

刘邦虽然没钱，却全无愧色，理直气壮地就被人引导着入席坐下了。他的顶头上司也是他的好友萧何还帮他开脱，向吕公解释："刘季这个人啊，很能说大话，少成事，别当真，别当真。"

可偏偏刘邦这份气定神闲、颐指气使的劲头让吕公另眼相看，不仅在宴席上对他礼遇有加，还悄悄把刘邦留下来，跟刘邦说："我从小喜欢看相，看了这么多人，还没有像您这样罕见贵相的，这样吧，我有一个女儿，如果您不嫌弃，就许配给您了。"

而这个女儿，便是刘邦的妻子吕雉。刘邦没有什么名望和财富，但是他娶到了沛县豪门吕公的女儿吕雉。除了吕雉的父亲吕公看中了刘邦的面相，认为他将来必定是个不凡之人，刘邦给吕雉画的大饼也占了很大的成分。后来吕雉被困在楚军营中若干年，刘邦也从未背弃承诺，夫妻二人共患难，才成就了一番霸业。说到，自然做到。

再比如刘邦给张良画饼。

张良本是韩国世家子弟，秦灭六国后流亡天下。他曾经策划过暗杀秦始皇的行动，失败后投奔项梁。项梁死后，他投靠到刘邦麾下。刘邦对张良说："你是个有大智慧的人，跟着项羽，只能做个小谋士，跟着我，能做帝师。"

刘邦将张良的前途绑在自身的远大前程上，用自信打动了不少人，也确实信守承诺。

再比如他给韩信画饼。

起初韩信在项羽的麾下时，只是个小角色，不受重用。后来，韩信投奔刘邦，经过夏侯婴、萧何等人的介绍引荐，刘邦最终拜韩信为大将军，并许诺将来和他共享天下。

后续的结果，我们也知道了，刘邦基本兑现了他的承诺。尽管，这其中有波折，有打折扣，但毕竟实现了。刘邦敢画饼，而且画得很好，他的承诺，不是空话。这样的"饼"，员工才爱"吃"。

正如《庄子》中提到的，"真者，精诚之至也，不精不诚，不能动人"，而刘邦的"动人"，正是从敢于承诺，又能尽力落到实处、兑现承诺开始的。

在现代生活中，画饼其实代表着打造"双方共同愿景"，这门艺术有以下几点需要注意：

1.画饼切勿泛滥，重在质，不在量；

2.打造共同愿景，切记有针对性，量身定做最佳，切勿批量发放；

3.选取合适时机，秉持适当姿态，不卑不亢，言出必行。

如果能做到以上三点，必将激发双方的主观能动性，增强团队凝聚力，实现共赢。

刘邦第二招儿：赏罚分明

古话说："利可共而不可独。"刘邦的第二招儿，正是抓住了这一关键点，在利益分配上运筹帷幄。

　　刘邦是一个赏罚分明的领导。他对有功之臣从不吝啬奖赏，对有过之臣也不轻易杀戮。

　　他曾说"吾得天下多贵臣"，他十分重视团队的力量。

　　他推行"以功封侯"的制度，让那些为他立下汗马功劳的将领们，都位列诸侯。比如张良、韩信、彭越、英布等，都是被刘邦封为王侯的。刘邦把自己的成果与他们共享，让他们感到自己是合伙人，而不是仆人。创业阶段的刘邦，是这样说的，也是这样做的。

　　创业阶段，有赏，也得有罚。对于一些犯了错的下属，他也会给予一定的惩罚，但一般不会因为一时之怒而杀掉他们。他知道这些人都是有用之人，只要给予适当的惩戒就可以了。所以，在惩罚之后，刘邦还会给予他们机会和信任，并继续重用他们。

　　赏罚分明的好处在于，可以激励员工更加努力地工作，并且保持团队的纪律和秩序。如果只有赏，没有罚，团队中的成员就会变得懒惰和放纵；如果只有罚，没有赏，员工就会变得恐惧和抵触。刘邦的赏和罚，都是按照功过大小来定的，而且，他也会考虑到情理和人情。他不会因为小过而杀人，也不会因为小功而封侯。他的赏罚，都是有度有节的。

　　刘邦的赏罚分明，并不仅仅是组建团队的战术策略，还体现在他的性格当中，他本来就是个恩怨分明的人。

　　刘邦年少时，他的大嫂曾冷待过他。当时沉迷任侠的他带朋友来家里蹭吃蹭喝，明明有饭，大嫂却故意说没饭了。

　　后来刘邦做了皇帝，对各路亲戚纷纷封赏，唯独对大嫂家毫无表示。

　　刘邦的父亲看不过去，赶来劝解，刘邦虽然不情愿，却还是给大哥的儿子封了侯，叫作"羹颉侯"，意思是没饭吃的侯爷，极尽嘲讽之意。

　　而对他有恩的人，他也绝不辜负。刘邦年轻时过着游侠生活，直到后来楚汉相争时也把旧日大哥张耳放在心上。刘邦想和赵国结盟，一同对抗楚国，但赵国的丞相陈馀跟张耳有仇，说要张耳的人头，刘邦一听，心想不行，他可是我大哥啊！不能忘恩负义。

于是他想了个折中的办法，找来一个和张耳长相相似的人，把他的人头送给了陈馀。

虽然这种骗术迟早会穿帮，但是可见刘邦对于旧日交情的看重。

刘邦恩怨分明、赏罚分明，让他在团队管理一事上如鱼得水。

正是刘邦这个不同于别人，特别是不同于项羽的特点，让他在笼络人才时加了分。他待自己的下属、合作伙伴们非常大方，该分地分地，该给爵位给爵位，该分钱的时候更是绝不手软。也正因为如此，大家都愿意给刘邦卖命，这样的领导往往更容易取得人才的信任。

可见合理的利益分配正是团队凝聚力的一大关键，也正是利益分配得当，让刘邦将韩信、彭越、英布等豪杰拉进了反抗项羽的团队，从而打破楚汉相争的僵持局面。

刘邦第三招儿：用人容人，用人不疑

刘邦的第三招儿，也是他的优点之一，就是宽容大度。他能容纳各种各样的人才，并能包容他们的缺点和错误。他能够把握好用人的分寸，既不过分溺爱，也不过分苛责。刘邦对朋友、部下，都以诚相待，让他们心悦诚服。这种真诚和宽厚，使得他能够赢得众人的信任和支持，为他的事业打下了坚实的基础。

对待狂傲的人，刘邦也有一套办法，他往往是先打压对方的气势再使其折服，比如对待桀骜不驯的谋士郦食其。他早就听说过郦食其的名声，也知道对方有才、狂傲，所以召见郦食其时，他故意倨傲无礼地洗脚。

刘邦原本想给对方一个下马威，不料郦食其倒是先骂起了刘邦。

郦食其质问刘邦："你到底是要帮助秦来消灭诸侯，还是帮助诸侯灭秦呢？"刘邦一听，非常生气，破口大骂。郦食其却说："你既然想要汇集天下英雄诛灭暴秦，就不应该这样不尊重长者。"

刘邦一听，是这么回事，不仅不生气了，反而礼遇对方。他这个人很听劝，被人点醒，就会立刻收起那副桀骜的姿态，虚心受教。于是，他立即停止洗脚，规矩地穿好衣服，请郦食其上座。

郦食其在刘邦帐下效命的过程中，为刘邦出过不少"馊主意"，他曾建议刘邦将过去六国的后裔立为王，拉拢人心，多亏被张良点破其中弊端，才避免走错方向。然而刘邦并没有因此责怪郦食其，体现了他的宽容之心，这一态度让郦食其有机会继续发挥自身擅长的谋划，为之后在联齐抗楚中运筹帷幄，出色完成游说，以及提出很多积极进攻的出色战略奠定了基础。

这一切，正是建立在刘邦的宽容之上。

此外最典型的，要数刘邦对韩信的容忍了。韩信能力很强，但他也有一个致命的缺点——骄傲自大。且不说韩信在刘邦被困之时，急着向刘邦讨封齐王的事。就是在汉朝建立后，韩信也屡屡挑衅皇权。然而，刘邦也没有想要杀掉韩信，最多也就收了兵权，降了等级，比起吕雉日后对韩信的骗杀，要宽容不少。

刘邦不仅待人宽容，他还特别善于充分发挥人才的作用，因为他敢于信任、用人不疑。

我们就看同样的人才，在刘邦和项羽手下分别受到了怎样的对待。

比如刘邦手下的奇才谋士陈平，就是从项羽手下跳槽过来的。他"吐槽"项羽，认为项羽完全不能善用他的计策，听都不爱听，项羽相信的，无非就是项氏家族的人和自己妻子家族的亲戚，其余的人就算有才能，他也不敢委以重任。

因此陈平觉得待在项羽手下没有前途，才投奔了刘邦，刘邦对他非常信任。作为刘邦手下管理情报的一名干将，陈平提出建议：可以用贿赂的方式来挑拨项羽手下人内斗。刘邦干脆就给了陈平四万金，让他自己去运作，问都不问。

刘邦对待韩信也是如此，韩信原本在项羽身边做郎中，才能得不到发挥。

项羽不能善用韩信，韩信就投奔了刘邦，结果还是没有受到重用，还被连坐，差点儿连命都丢了。好在韩信的临危不乱打动了监斩的官员，萧何也看重韩信这个将才，极力推荐给刘邦，为了留住韩信还来了一出"萧何月下追韩信"的好戏。在萧何心中，刘邦的军事才能虽不错，却还是不够出色，无论是项羽还是章邯，刘邦都打不过。因此他为刘邦留住韩信，自己就承担了人才考察、人才提拔的工作，人才跑了还得亲自把他追回来。

可见，善于用人的刘邦，埋下萧何这颗种子，为自己招来了战无不胜的韩信。

这正是古话说的"用人不疑，疑人不用"。

如果他不是对萧何绝对信任、适当放权，也不能引发蝴蝶效应，让韩信来到他的麾下。人才各司其职，各有可为，才是一个健康团队应有的状态。

刘邦对待从项羽手下几经周折跳槽来的韩信，也给予了足够的信任。他将韩信拜为大将，在此之前他甚至都没怎么见过韩信，也完全不了解情况，却还是破格提升了韩信。可见刘邦向来用人不疑，他给予了人才足够的发挥空间，还悉心听取韩信对于他和项羽的分析，对于大局的把控更是不拘一格。

在刘邦与项羽的用人对比中我们可以看到，同一个人才，怎么用，是大学问。

信人容人的好处在于可以吸引和留住各种各样的人才，并且让他们更加忠诚、充满感恩之心。如果太过苛求和挑剔，就会导致人才的疏远和流失，甚至引起他们的反感和反抗。

刘邦的管理智慧，不仅是中国历史上的宝贵财富，也对当下的创业者，具有重要的启示作用。

首先，要会画饼。创业者要懂得如何激发团队成员的潜能，为他们提供成长的空间，帮助他们实现自己的理想。这样不仅能够吸引更多的人才，还能让团队成员更加忠诚于公司。但是，画饼也要有度，不能画得太大太空，否则会失去信任和影响力。刘邦画的饼，都是有可能实现的，而且他也尽力去兑现。所以，创业者在画饼时，要考虑自己的能力和资源，要有计划和策略，要有诚意和行动。

其次，要赏罚分明。对于创业者来说，要学会公平、公正地对待团队成员，根据他们的表现，给予相应的奖励或惩罚，这样才能激发团队成员的积极性，让他们更加努力地为公司效力。同时，赏罚也要有原则和标准，不能随心所欲，否则会造成团队的不稳定和不和谐。刘邦的赏和罚，都是按照功过大小来定的，而且他也会考虑到事理和人情。创业者要的赏罚，就要有规则和制度。

最后，要学会容人信人。在管理团队的过程中，创业者要学会包容和原谅，对待团队成员的不同意见、风格和错误要有足够的包容。这样才能创造出一个和谐、积极的工作氛围，让团队成员更好地为公司效力。但是，容人也要有底线和界限，不能纵容和姑息，否则会导致团队的混乱和低效。刘邦容人，都是在不影响大局和利益的前提下，而且他也会适时地提出批评和建议。因此，创业者在容人时，也要有相应的智慧和手段。

总之，刘邦拉拢人心的三大招数：画饼、赏罚分明、容人，当下的创业者也可以借鉴和运用。只要掌握好分寸和方法，你的团队管理绝对不会太差。

第七章

韩信

职场上起点比较低的人，
如何实现晋升

韩信
职场上起点比较低的人，如何实现晋升

扫一扫
听音频

  说起韩信，我们可能会想到成语——胯下之辱，也可能会想到一句俗语——韩信点兵，多多益善。总之，关于韩信的故事，大家多少都有些了解。他是个能够忍辱负重的人才，也是军事上的天才。他以卓绝的用兵才能和谋略智慧，为西汉的建立立下了汗马功劳。

  韩信作为一个受尽了贫困和屈辱的淮阴布衣，作为一个在职场上起点比较低的人，是如何在职场上一步步实现晋升的呢？

  韩信的职业生涯并不顺遂。在前文中，我们也提到了韩信在职场上的一些表现。比如他经过萧何的推荐，被刘邦拜为大将军，以及在职场后期的错误表现和结局，这些我们都或多或少了解了一些。从整个职业生涯来说，韩信的表现并不算太明智。可是，韩信在职场上的晋升之路，还是有很多可圈可点的地方。

  下面，就让我们对此进行简要的梳理。

  首先，还是要说一说韩信求职前的背景经历。根据《史记·淮阴侯列传》记载，韩信在步入职场前，父母双亡，家中贫困，也没有能够帮衬的亲戚，母亲离世时，他甚至没有钱为其办丧事。当时的他，几乎与布衣贫民无异。由于他没有突出的品行，不能被推荐当官。他似乎也不事生产，生存能力比较差，到处蹭

饭，是当地的懒汉。他曾在一位亭长家里蹭了好几个月的饭，后来被亭长老婆嫌弃，一气之下走了。韩信忍饥挨饿，后来有一位老妇人给了他饭吃，他要感谢老妇人，老妇人却说："我只是可怜你。"他还因为常年佩剑，惹怒了当地的地痞流氓，经受了胯下之辱。

韩信早年的经历，对于求职来说，亮点不足，加分项不多。

我们说一说韩信在职场第一个阶段的表现。公元前209年，韩信开始"求职"。他带着宝剑，加入了项梁创办的"大型企业"，但是并未创造佳话，一直处于默默无闻的状态。项梁去世后，"老板"换成了项羽。韩信就在这家"大型企业"里，继续工作，但是没有得到重用。当时韩信的官职虽不是普通小兵，但也不大。他在帐下担任郎中，相当于项羽的侍从。他可以接触到项羽，也向项羽多次进谏，但是他的建议都没有被采纳。韩信眼看晋升无门，于是便勇敢跳槽，离开了项羽集团。这一阶段，韩信的表现虽然没有给他带来"升职加薪"的机会，但是方向没有错。初入职场，首先要把自己的能力展现出来，如果完全不展现自己的才能，是不可能得到老板重用的。韩信也去展示了，可是不合老板的心意。那怎么办呢？换一家呗。

从韩信的故事，我们可以看出职场环境的重要性。古今多少有志之士，壮志难酬，大都是受制于复杂的职场环境，没有遇到一个赏识自己的好领导。

职场环境

（一）初入职场，认清形势很重要

职场中存在着错综复杂的人际关系，稍有不慎，我们便会成为派系争斗的牺牲品。

小陈大学刚毕业，经过层层选拔进入一家上市企业做营销助理。初入职场，

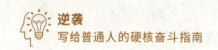

小陈踌躇满志，希望通过自己的才华为公司创造更好的业绩，然而没过多久，小陈就发现这个上市企业的内部环境相当复杂，各部门之间的钩心斗角不断。小陈发现，在公司中有好几个派系，即便是同部门中也有一把手、二把手小团体，同事之间的竞争、攀比甚至拉锯战令小陈心力交瘁。

小陈还发现，这个上市企业的企业文化并不包容，很多老员工习惯了欺压新员工，领导层也十分强势，很难听取他人的意见。这令小陈感到很难适应，稍有不慎，就会成为部门斗争的棋子。在这样的职场环境中，小陈的业务能力难以提升，时常被其他部门吐槽，受到上层领导的精神打压，自身价值得不到认可。没多久，小陈就主动辞职了。

很多初入职场的大学生和小陈经历相似，特别是在企业氛围不太好的环境中，更容易迷失奋斗的方向。职场新人要做好三点：第一，降低期望值。新入职场，期望值不要太高，常言道："希望越大，失望越大。"放平心态，待了解职场真相后也不至于太过悲观。第二，多与老员工交流。老员工职场经验丰富，特别是对企业内部复杂关系比较了解。多与他们交流可以帮助自己更好地厘清人物关系，掌握职场禁忌，从而顺利度过适应期。第三，察言观色，避免卷入派系争斗。职场派系争斗是不可避免的，新人想要明哲保身，只有察言观色，避免自己牵涉其中，保持中立才能够远离纷争。

（二）平台重要，好领导更重要

如果把个人发展的平台比作航船的话，那么领导就是航船上的掌舵人。

俗语说，大海航行靠舵手。如果没有了掌舵人，船再大，终究会在茫茫大海中迷失前进的方向。而优秀的领导能够把握平台的发展方向，也能够带领团体达成奋斗目标，相反，差劲的领导只会关注员工是否顺从于他，更多地关注自己的权势。

在职场中，我们都希望能够遇到一个好领导，那么好领导有什么标准呢？

1.好领导愿意栽培你

好的领导慧眼识珠，而且他愿意花费宝贵的时间和精力去栽培你，比如他会传授给你一些行业的技巧，会给你介绍更多有用的资源和平台，让你在短时间内获得快速成长。《鹿鼎记》中韦小宝就遇到了一个好领导，那就是康熙皇帝。少年康熙与韦小宝惺惺相惜，他有意栽培韦小宝，这让出身烟花之地的穷小子有了广阔的资源和平台。正是借助康熙这个好领导，韦小宝结识了宫廷内外的一众达官权贵，更是和王爷、公主打成一片，从而让他在小小年纪开了眼界，更是在康熙指点下摸透了官场的求生之道，从一个市井混混儿成长为一代鹿鼎公。相反，阿珂就没有这么幸运了，她的师父是九难，这位前明的公主只是在利用阿珂，无心栽培阿珂，因此无论是日常谈话还是教授武功，她对阿珂总是淡淡的，让这个女子从小生活在一种压抑的环境中，武功更是不入流，丝毫不像九难的亲传弟子。可见，从内心里愿意扶持你、栽培你的领导才算是好的领导。

2.好的领导懂得制衡之道

领导下面通常会有很多小兵，正如将军统领整个部队，总裁领导整个公司一样，面对一众下属，好的领导更懂得制衡之道。如果不能够平衡各方关系，集体必然大乱。

《水浒传》中108将由诸多派系组成，如由林冲、杜迁、宋万组成的梁山系和鲁智深、武松等人组成的二龙山系，此外还有宋江系和卢俊义系等，各方势力错综复杂，牵一发而动全身。为了制衡各个派系，宋江想出了梁山排座次的方法，将108将分为36天罡星和72地煞星，根据各位好汉的功劳表现来排序，这就很好地起到了制衡各派系的作用，如实力不如孙立的解珍解宝兄弟在排序上明显要高，在拉拢二解兄弟的同时也起到了牵制孙立的作用，这就是宋江的制衡之道。

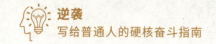
（三）时间可贵，该抽身时须抽身

世界上最宝贵的东西是什么？毋庸置疑，那就是时间。

时间具有不可逆性，一去不复返。因此，所有人都应当珍惜宝贵的时间，不要在没有价值和意义的人与事上浪费时间。

30岁是每个职场人的一道坎，如果在30岁之前没有突破，那么此后大概率会碌碌无为，这就说明那个行业或岗位根本不适合自己的发展。只有及时抽身，才能够改变局面。

接下来，我们再说说，韩信在职场第二个阶段的表现。跳槽到刘邦集团，韩信是不是立马就得到重用了呢？并不是。话说韩信做的官是连敖，并不大，后来触犯了国法，当斩，斩首那天，已经依次斩了13个人，轮到韩信的时候，他突然对负责监斩的夏侯婴说：汉王难道就不想统一天下吗？为什么要斩壮士呢？夏侯婴一听，觉得这个人很有格局。然后，再看韩信仪表堂堂，就决定把他放了。夏侯婴与韩信交谈甚欢，他感觉韩信的确是个人才，就向刘邦推荐韩信。刘邦把韩信封为治粟都尉，但起初并不觉得这个人厉害。韩信跟萧何渐渐熟络起来，经过多次交谈，萧何也认为他是个人才。到了南邓，很多军官士兵逃走了。韩信心想："很多人在汉王面前推荐我，而汉王就是不重用我，我还是逃走吧。"韩信又想到了跳槽。

韩信拍拍屁股说走就走。慧眼识珠的"猎头"萧何一看人才跑了，不行，赶紧去追，甚至都来不及跟老板请示。在这里，我们可以想一想，萧何是真的来不及请示，还是有意不请示呢？这时候有人跟刘邦说，萧何跑了，刘邦一听，非常生气。大概一两天之后，萧何拜见刘邦。刘邦问："你为什么逃跑啊？"萧何说："不是我要逃跑，我是在追逃跑的人。""追谁呀？""韩信。"刘邦不信："那么多人跑了，你不追，你追韩信，你这是在骗我！"

萧何说："我可不敢骗您啊，他可是人才，顶级人才，国士无双。"刘邦一听，说："那我拜他为将军。"萧何说："不不不，得拜为大将军。"刘邦说："那你就去办啊。"萧何说："您平时怠慢了韩信，他才走的，所以咱们还得搞隆重点儿，给足他面子。"刘邦照做了，拜韩信为大将军。

韩信在这一阶段的晋升，得益于两个能说得上话的领导。当然，他之所以能得到夏侯婴和萧何的推荐与帮助，跟他的才能也是分不开的。正因为他在二人面前，展示出自己的实力，才能被多次推荐，最终被刘邦拜为大将军。

韩信的第二段职场经历告诉我们：职场贵人也很重要。

职场贵人

（一）能力再强，没有伯乐也枉然

有的人确实很有能力，才华出众，但是在职场中很难遇到真正的赏识者，因此很可能一辈子寂寂无闻，难以实现自己的远大抱负。

伯乐是一个人成为人才的关键，没有伯乐，千里马也不过被当作一匹寻常的马罢了。

《三国演义》中的马超，是大将马腾之子，用现在的话说，马超是标准的军二代。马超骁勇善战，就连一向桀骜不驯的曹操都说"马儿不死，吾无葬地也"，可见马超是个武将奇才。虽然马超武力值出众，但是他不懂谋略，被曹操用离间计败于杨阜，随后马超相继投靠张鲁、刘备等人，都得不到重用。马超满身才学难以施展，自然是苦闷万分，最终竟然抑郁成疾，英年早逝了。

同样，刘备的部下魏延，虽然没有关羽、张飞两兄弟有名气，但是跟随刘备期间也是忠心耿耿，战功卓越，深得刘备的赏识。刘备死后，丞相诸葛亮掌权，虽然魏延已经被封为镇远大将军，但是不受诸葛亮的赏识，甚至后来连兵权都被剥夺了。

很多足球迷都知道，在阿根廷足坛中有一个叫萨维奥拉的人。因为萨维奥拉足球技艺出众，被阿根廷人称为新马拉多纳，也就是马拉多纳的传承者。萨维奥拉在少年时代成名，向世人展示出了他强大的足球天赋。可惜的是，萨维奥拉自始至终没有遇到伯乐，无论效力于哪个球队，都得不到足够的重视。后来这位足球天才在足坛逐渐陨落，不禁令人唏嘘。

（二）寻求赏识，酒香也怕巷子深

提到清代的湘军，很多人脑海中首先想到的便是重臣曾国藩。其实很多人不知道，真正的"湘军之父"另有其人，那就是罗泽南。

罗泽南十分好学，他有着良好的家庭教育背景，很小的时候就进入私塾学习。然而好运并没有眷顾这个勤学的人，罗泽南的亲人相继离世，而罗泽南也是屡试不中，但是他依旧没有放弃读书，甚至还著书立说，写了一些关于程朱理学与经世致用的著作，知识涉猎极其广泛。

直到罗泽南46岁的时候，他的才华才被曾国藩发现。曾国藩聘请罗泽南帮着管理训练湘军，学富五车的罗泽南不辱使命，培育出一支强悍的湘军队伍，其中涌现出了李续宾、李续宜等悍将。据统计，罗泽南所训练后的湘军在3年时间打了200多场胜仗，可惜的是罗泽南在49岁就去世了，他从被伯乐发现到辞世，不过3年时间。

让我们再回到韩信，其实大将军不是韩信职业生涯的最高峰，韩信最高的官职是齐王。下面我们就来说说韩信在职场上的第三个阶段，跟领导要待遇。

韩信被汉王拜为大将军后，也确实给汉王刘邦出了不少力。他辅佐刘邦平定三秦，平定魏、赵、齐，围歼项羽于垓下，这些功劳，也都是实实在在的。可是为什么韩信最终没有落得好下场呢？这就跟韩信后期在职场上的居功自傲有关系了。有功劳，要待遇，很正常，但是不能触碰老板的底线。老板说与你分天下，你也当真？韩信一个"职业经理"的角色，在"老板"刘邦陷入困境之时，却趁火打劫，想要当"分公司老板"，这就有点儿过分了。后来，"老板"刘邦逮着机会，就给他连连降职。在被降职的过程中，有人劝韩信另起炉灶，韩信不肯，给出的理由是"老板"对我有知遇之恩，待我不薄。真正的理由，我们不得而知，也许是因为韩信的有些得力干将原本就是"老板"的，没有自立门户的资本，也许是因为韩信真的被"老板"的知遇之恩所打动，也许是韩信不够果断，不够勇敢。总之，韩信错过了另起炉灶的机会。后来他的职位被一削再削。最后，他又想用武力威胁吕雉，结果反被吕雉处死。

谁也没有想到，那个百战百胜的韩信会死在吕雉手里。其实吕雉不动手，按照韩信的做法，早晚也会被刘邦处理，因为韩信踩到了职场的致命红线，古代多少将领谋士，就是因为越界踩线而丧命的。

职场红线

（一）居功自傲，触碰红线不可取

1.功高震主的年羹尧

年羹尧作为辅佐雍正登基的宠臣到阶下囚，只不过短短数年时间。可以说，年羹尧的死，与他一再触碰职场红线有着莫大的关系。

1723 年，青海的罗卜藏丹津趁着统兵西北的大将军王胤禵被调回京城的机会发动了叛乱。雍正帝任年羹尧为抚远大将军远征西北，年羹尧也很争气，不到三个月的时间就平定了叛乱，远方告捷，雍正帝龙心大悦，年羹尧更是声名鹊起，成为雍正口中的"大恩人"。从雍正帝的奏折中，我们能够看出他对年羹尧的宠爱：

"朕不为出色的皇帝，不能酬赏尔之待朕；尔不为超群之大臣，不能答应朕之知遇。"

这或许是年羹尧毕生受到的最高夸奖了，但是他也慢慢开始了自取灭亡之路。

1724年，年羹尧回京的时候无视君臣之礼，举止傲慢，甚至公然当着雍正帝的面分开两腿坐着。不出意外，年羹尧这些出格行为遭到了朝臣的不满，就连雍正帝也满肚子是火。但是碍于年羹尧的功绩，以及他是自己宠妃年氏的哥哥，雍正帝并没有理会年羹尧，这反而滋长了年羹尧嚣张的气焰。接着就出现了将"朝乾夕惕"误写为"夕惕朝乾"的事件，这次雍正帝坐不住了，以此为由给这个昔日的"恩人"拟定了92条大罪，在年妃薨后一个月，也将年羹尧赐死了。

其实，年羹尧本可以有个很好的归宿，他为雍正帝立下了汗马功劳，他的亲妹妹又是雍正帝的宠妃，无论如何也落不到这种下场。追根究底是他太自负了。功劳再高也要懂得分寸，在封建体系下的清朝，君臣有别，臣子对君王要绝对尊重，而年羹尧一再试探雍正帝的底线，僭越礼法，这才落得一个悲惨的结局。

2.恃宠而骄的许谋士

许攸是曹操的谋士，其实他原本是袁绍的人，然而袁绍根本不重用许攸，兼之许攸家人由于贪财被抓，许攸这才投奔了曹操。许攸初到曹营的时候，正处于官渡之战时期，曹操也正为粮草一事发愁，许攸的出现让曹操眼前一亮。

其实，这个许攸算得上是曹操的"发小"，他们在幼年时期就有不错的交情。当听说"发小"来投奔自己，曹操高兴得连鞋子也没穿就出去迎接了，足以看出曹操非常看重许攸的才华，更重视他们之间的情谊。

但是，许攸忽视了一点：感情再深厚，属下和领导之间始终是有区别的，无论在什么场合说话都要有个度。许攸在帮曹操解决了粮草一事后，曹操占领了河北地区，拿下了邺城。许攸仗着这点儿功劳和与曹操的交情开始恃宠而骄，甚至对曹操也不恭敬了。大家都知道，曹操小名叫阿瞒，许攸就多次在众人面前喊曹操的小名，让曹操很没面子，但是碍于情面曹操并没有责难许攸。许攸还四处说曹操能够攻下邺城全靠他的计谋，有人就把许攸的话添油加醋地告诉了曹操，这一下触犯了曹操的底线。于是曹操下令收捕许攸，许攸最终落得个一命呜呼的下场。

（二）学会尊重，职场社交要灵活

职场社交中，那些懂得尊重他人的人，压力往往是最小的。相反，傲慢自大，不尊重同事和下属的人，不会得到他人的支持。

小刘是某公司的设计师，业务能力突出，精通各种设计软件和手绘。但是，小刘有一点非常不好：他太傲慢了。作为乙方的设计师，设计的作品只要甲方同意就表示达标完工，但是小刘总是喜欢发表自己的言论："领导，我觉得这样的设计差点儿意思。"他甚至开始置喙甲方负责人的设计意见，一番言论下来常常搞得甲方客户下不来台，还没到三个月的试用期，他就被公司淘汰了。

小刘的业务能力很强，但是他犯了一个职场禁忌：越界。职场中，每个人都各司其职，领导层负责决策，业务岗负责业务范畴，一旦职场员工越界，且说话做事不留情面，太过较真，言辞犀利，就会触犯领导层的权威，很难在职场中生存下去。

小张沉默寡言，能力一般，在职场中也没有什么存在感。平时公司聚餐的时候，小张总是拒绝出席，团建也不参加，和同事之间的关系不冷不热，久而久之，他就被同事们孤立了。在一次年会团建活动中，组织者甚至将小张遗忘了。后来，公司面临资金压力要裁员，毫无意外，小张名列榜首。

现在的"宅男""宅女"和"社恐"越来越多了，但是相较于普通的职场人，也只占了一小部分。大部分人在职场中备受洗礼，开始变得灵活圆滑起来。人是群居动物，在职场中更是离不开团队协作。职场社交要掌握好度，既不能太冷漠，也不要太热络，恰到好处，才能够在职场中有一席之地。

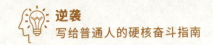

（三）另起炉灶，把握时机很关键

1.宗馥莉与宏胜

2004年，娃哈哈创始人宗庆后的女儿宗馥莉留学归来，毫无悬念，她进入了自家企业。但是出人意料的是，宗馥莉并没有直接进入决策层，而是像其他入职者一样从基层员工开始干起。宗馥莉也不负厚望，在她的努力下，一路从基层职员走到了娃哈哈童装总经理和日化总经理的位置，积累了丰富的基层管理经验。

2007年底，宗馥莉开始执掌宏胜饮料集团。当时宏胜饮料仅仅成立了4年，是娃哈哈的子公司之一，这个企业对于娃哈哈集团来说并不突出。而25岁的宗馥莉大刀阔斧地对其进行改革，在综合调研市场情况后制定了全产业链的发展战略，从买地到采购、生产以及产品试用，都能看到宗馥莉忙碌的身影。

事实证明，宏胜这块试验田在宗馥莉的辛勤耕耘下收获喜人，宏胜的成功也实现了娃哈哈集团的家族传承。

2.褚时健与褚橙

人想要另起炉灶，其实本就没有什么早晚之说，褚时健就是一个活生生的例子。

71岁的褚时健从烟草大王一夜之间沦为了阶下囚，那个时候，褚时健的大女儿在收押期间自杀，而褚时健也是糖尿病缠身，很多人看他的热闹，说褚时健都这么大岁数了，就算是出来了，也没有什么价值了。

可是，谁也没有想到，三年后，74岁高龄的褚时健因严重的糖尿病获批保外就医，回到家中居住养病。离开监狱后，他做了一个大胆的决定——在哀牢山上种橙子。别人都说褚时健是老糊涂了，这么大岁数了，还这么折腾。可是，褚时健并没有放弃，哀牢山是他年轻时起步的地方，他想要重新爬起来，证明自己的价值。

可能人在失落的时候总是想要亲近自然，在种植橙子的过程中，褚时健找到了活着的价值。经历一番汗水洗礼后，哀牢山上遍地褚橙，这一年褚时健已经是80岁的老人了。并且谁也没想到，在褚时健84岁的时候，褚橙热卖。究其原因，就是他把握住了营销的时机，借着同王石之间的互动，将褚橙打造为"励志橙"。乘着电商崛起的东风，褚橙一跃成为热门水果品牌，褚时健也从原来的烟草大王摇身一变成了橙子大王。

人生根本就没有绝境，积极寻求出路，另起炉灶，把握好时机，说不定就柳暗花明了。

韩信的职场晋升之路，值得我们学习。

第一，在职场上，很少有人一开始就能找到一个好的公司，以及一个能够重用自己的领导。你的时间很宝贵，如果在公司里不能发挥自己的才能，能力不能得到提升，那就赶紧撤！韩信敢于改变自己所处的环境，寻找更适合自己的平台，这是他成功的第一步。

第二，在职场上，一定要有能帮你说得上话的人，不然遇到事情你会很被动。韩信虽然加入了刘邦麾下，但刘邦并不看重他，只让他管理仓库。如果没有夏侯婴和萧何这样的贵人相助，韩信可能就此湮没在历史的长河中。当然，韩信能够得到夏侯婴和萧何的赏识及帮助，并不是偶然的。韩信有着出色的军事才能和谋略智慧，并且敢于表达自己的想法和见解。这样才能吸引有眼光的人注意到他，并为他说话。

第三，在职场上，一个人的能力再强，功劳再多，其要求也不要触碰老板的底线！在职场中，我们要学会尊重老板的意见和决定，即使有不同的看法或建议，也要适时地表达和沟通，而不是背地里抱怨或反对。在提要求、要待遇时，更是不能触碰老板的底线，不然很危险。如果你不满现在的待遇，也可以选择蓄积实力，另起炉灶，但是要抓住时机，而且不要把另起炉灶的心显露无遗，不然，会给自己带来一定的麻烦。

第八章

陈平

怎样才能快速找到
生命中的贵人

陈平
怎样才能快速找到生命中的贵人

    站在巨人的肩膀上，我们可以看得更远。在我们的人生旅途中，如果有贵人相助，我们可以更快地抵达成功的彼岸。可是，怎样才能快速找到生命中的那个贵人呢？

    看一看陈平的故事和经历，也许他可以给我们答案和启示。

    陈平，西汉开国功臣、丞相，也是刘邦的"智囊团"成员之一。陈平在历史上的存在感并没有张良、韩信那么强，甚至萧何的名气也比他大很多。但是，如果我们走进那段历史就会发现，陈平其实是个被后人严重低估的大人物。

    他能从一个"不务正业"的少年，成为一朝丞相，那是相当厉害的。而且，我们要注意的是，在刘邦集团里，很多人最终的下场并不好，而陈平的结局是比较圆满的。为什么陈平的人生会如此顺畅呢？这和他一路走来不断遇到贵人是分不开的。

    他是如何找到生命中的贵人的呢？他是如何展示自己的才能和资源，让贵人愿意帮助自己的呢？

    陈平出生于秦末乱世，家境贫寒。他从小就聪明，爱读书，而且相貌堂堂。可是他和韩信一样，也不事生产。但陈平没沦落到讨饭的地步，靠的是大哥的照顾。陈平的大哥对他特别好，陈平不爱干活那就不干，想做什么就做什么。在大哥的帮扶下，陈平四处游学。虽然大哥乐意，但是陈平的大嫂，对陈平的意见很大，整天摆脸色，絮絮叨叨。大哥为了陈平，竟一气之下把老婆赶走了。

可以说，陈平生命中的第一个贵人就是能够不遗余力地支持他的大哥。生命中能有这样的贵人，是陈平的幸运。有的人像陈平一样幸运，在成长过程中，可以得到家人的鼎力支持，而有的人不那么幸运。这一点，有点儿像上帝掷骰子，看运气。

我们不能把希望完全寄托于运气。陈平生命中的第二个贵人出现了，这一次运气的成分就小了很多。

转眼间，陈平也到了娶妻生子的年龄。陈平虽然长得一表人才，但是他不务正业早就名声在外了，当地的富人大多不肯把女儿嫁给陈平，就连穷人也以把女儿嫁给陈平为耻。

帅气有才如陈平，难道真的讨不到老婆了吗？陈平似乎并不担心这一点，他不仅要讨老婆，还要讨对自己事业有帮助的老婆。但是家穷如此，怎么讨到这样的老婆呢？陈平自有打算。

当地有个富人叫张负，他有个孙女寡居在家。家庭条件那么好，怎么会寡居呢？原因是他这个孙女似乎有点儿"克夫"，嫁了五个丈夫，死了五个丈夫。一般人不敢娶，可陈平毕竟不是一般人，大家都不敢娶的寡妇，他敢娶。当然，求娶这样一个地位比自己高太多的女子，也需要一定的技巧和方法。

当时正赶上当地有丧事，张负作为当地的望族，也会到场。陈平主动到那里帮忙，在场上来回晃悠，增加自己的曝光度。陈平仪表堂堂，谈吐也异于常人，很快就吸引了张负的目光。陈平见张负正在观察自己，故意晚走了一会儿，借机充分展示自己的才能。

当然，张负也是慧眼识英雄，他为了进一步了解陈平，直接跟到了人家家里。张负发现一个很有意思的现象，那就是陈平家虽然很穷，但是门口有很多车辀辘印。这说明什么呢？说明陈平有过人之处，有不少人来拜访他。于是，张负力排众议，把孙女嫁给了陈平，并嘱咐家人要对陈平恭敬，还资助陈平继续游学，让陈平在当地的上流社会有了一席之地。从此，陈平的身价不断提高，也结识了更多的人。

张负算得上是陈平生命中的第二个贵人。陈平希望得到张家的提携，张负想找个有潜力的孙女婿。所以，一个敢于冒险，不顾忌讳，展示自己的才能，求娶死了五任丈夫的寡女；一个眼光独到，把孙女嫁给一穷二白、不务正业的穷书生。他们都有赌的成分，遇到了机会，都及时抓住了。而且，陈平属于布局者，与其说是张负选中了陈平，不如说陈平主动布局，增加自己的曝光度，有意让张负看到自己、了解自己、投资自己。这第二个贵人，是陈平主动寻来的。

陈平生命中的第三个贵人，就是刘邦。

刘邦并不是陈平职场上的第一个东家，却是陈平跟得最久的东家。陈平的职业生涯是从魏地开始的。陈平在当时的魏王咎那里，虽然得到了太仆的职位，官职也不算太小，可是，他屡次进谏，遭到无视，加上小人嫉妒进谗言，只好离开。陈平的第二个东家是当时赫赫有名的项羽集团。项羽还算重视陈平，不仅给他升职，还赏赐了他不少钱财。可是项羽脾气暴躁，动不动就要杀人，陈平怕自己小命不保，于是把官印和赏钱全都封好，让人还给项羽，自己带着一把剑独自离开。

这一次，陈平打算投奔刘邦。楚汉相争，刘邦集团的前景和待遇相当不错。刘邦麾下人才济济，想跳槽到刘邦集团并且有很好的发展，没人带路是不行的。陈平事先请刘邦信任的谋士魏无知为自己写了封推荐信。经过魏无知的引荐，陈平顺利通过"面试"，来到刘邦面前。

这次"面试"，一共有七位"新员工"通过。刘邦让人摆了一桌好菜，款待这几位"新员工"。散席之后，陈平却不走，他要跟刘邦说一件重要的事情。于是，陈平获得了与刘邦单独交流的机会。二人交谈甚欢，得知陈平曾在项羽那儿担任都尉，刘邦上来就封他为都尉，担任参乘，监护军中诸将。大家反对这个决定，但是刘邦知道后，反而更加重视陈平。刘邦为什么要让陈平当监军呢？第一，陈平确实展现出了自己的能力。第二，陈平之前不带兵，而且跟诸位带兵打仗的军官暂时还不熟悉，可以形成相互制约的作用。陈平的到来，对刘邦来说，是恰好需要的。

我们看，同样是初来乍到，陈平就能在老板面前展现自己的能力，别人却傻傻的不知所措。因为他知道老板需要什么，也知道该扮演一个怎样的角色，这是陈平得到刘邦这个贵人青睐的原因之一。此外，陈平对自己的认识和定位也是非常深刻的。他知道自己擅长的是阴谋，是不太能上得了台面的，所以陈平跟随刘邦屡献奇计，但他从来都不居功自傲，谦逊低调，这也是刘邦后来一直重用陈平的原因。

陈平能够得到这三位贵人的帮助、信赖和重视，除了运气的成分，更多的其实在于自身。

"脸皮厚"，不拘常理赢得关注

观察陈平与贵人结识的过程，都是从极度陌生到快速熟悉，能创造在贵人面前单独交流，展示自己的机会。看他的行事表现，不可谓不勇敢。看到想要深入结交的人，就是要有"脸皮厚"的精神，不会被陌生的屏障隔绝了结识的缘分。只要有这个勇气主动去结识，就已经成功了一半。

什么样的才算"脸皮厚"呢？

杨迪谈到自己在《中国达人秀》上，那53秒"豁出去"的表演成了梦想的最初起点。从曾经的名不见经传，到现在成为极具辨识度的综艺明星，杨迪经历了无数的辛酸，也付出了很多努力。他的相貌普通但有喜感，愿意在各个节目里扮丑、逗趣，揭自己的短，毫无偶像包袱。

杨迪能够有所成就，首先靠的就是"脸皮厚"。他不怕遭到异样的眼光，抓住每个机会尽力搞笑。正是因为他敢于去做，勇敢尝试，才有可能得到自己想要的结果。

史泰龙喜欢拍戏，但一开始他被拒绝过1 000多次，这是多么令人惊骇的数字！如果他努力几次就放弃了，哪里还有《第一滴血》？哪里还有他现在的成就？还不是因为他一次又一次地硬着头皮去尝试，直到拿到梦想的入场券。

这些光鲜的背后，都有一段看似不堪甚至是"没有尊严"的"厚脸皮"的经历。如果一直保持自己的高姿态，守护所谓的"尊严"，面对机会不主动，失败了就逃避，这样怎么能成功呢？有些人面对贵人甚至心生怯懦，让机会在面前白白流失，让人嗟叹，惋惜！

但是在现代职场上，为什么很多人做不到"脸皮厚"呢？

明明有个很好的工作机会，自己也有能力完成，但就是张不开嘴去主动承担，反而只会循规蹈矩做手头的工作。

甚至在感情上，有些人遇到自己喜欢的男孩儿或女孩儿时，却不好意思说出口，眼睁睁看着他们远去，直到成为自己"青春的遗憾"。

这些"不好意思"的根本原因就是我们对事情本身有着很高的预期，而对自己却有着过低的判断。太过于关注自己，并且直觉地高估别人对自己的关注度，这在心理学上叫作"焦点效应"。我们对自己的不自信，像吸了水的海绵一样不可克制地扩大，变成了不敢面对批评、无法面对失败和否定，不会拒绝别人。这就是"脸皮薄"的底层逻辑。

怎样变得"脸皮厚"，从而结识自己的贵人呢？

1.展示自己的前提是自己有很强的底气

当别人谈论一件事情时，我们自身不懂或者不了解，所以怕说错，不敢说。

因此，在日常的学习和积累中，我们要不断地提升专业技能。有见识，有积累，在与人交流的时候才能侃侃而谈，就算是不懂，也能根据内容说上两句，博得好感。

2.降低自我期许，正确看待别人的评价

"脸皮薄"就是太在意别人的评价，我们需要冷静地看待那些评价。人的能力是有限的，他的评价也不一定正确，更不能给你定性甚至决定你的人生。我们要坦然面对评价，正视自己的价值。

3.敢于冒险，敢于接受失败

陈平就是敢于冒险的例子。对于看似难搞的老婆，他就是敢娶，对于地位相差很远的人，他就是敢于结交。在一般人看来，这都是在冒险，万一失败了怎么办呢？但是陈平就不会畏惧这些"潜在的危险"，只会为了达到目的去做冒险的事情。

在职场上，我们想要争取自己的利益，就需要冒险，做一些大家都不理解的事情，甚至是有点儿"出格"的事情。如果你有顾虑时，不妨多问问自己："万一成功了呢？"有时候你会发现，那些顾虑都是多余的。

刘备三顾茅庐的真正厉害之处并不在于"三顾"，而在于他不知道"三顾"是否能成功，还不顾两位老弟的劝阻，依然坚持去请诸葛亮出山，这是很多人做不到的地方。最终他很幸运，将"卧龙"收入麾下。

另外，突破自己的心理防线，去做自己从来不敢尝试的事情，提升自己的心理承受阈值，你会发现自己竟然会有这么多的可能性。

做到不卑不亢，和贵人平等相处

人在紧张的时候就不能展现真正的自己，总会处处小心，处处拘谨，生怕哪一方面做得不够完美。但是这样总会导致相反的结果——没将自己真实的一面表

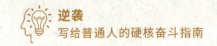
现出来，自己的优点也被隐藏。这样怎能让贵人发现呢？

怎样克服这种莫名的紧绷感，松弛地去展现自己呢？

陈平虽然一开始地位低下，但是并没有自卑的心理。他好像明白自己一定有所作为，也从未感觉低人一等，从而能够跟贵人正常交流，用松弛的心态，尽情地去表现自己，让自己得到青睐。

所以在遇到千载难逢的贵人时，不必看低自己，要明确自己的优势，并对自己的优势有信心，相信凭借自己的优势一定能获得别人的青睐和尊重。

就算跟贵人的地位相差太多，但谁都是凡人，谁都有自己的优缺点，都不是完美的。此外，尊重别人是做人最基本的原则，大家都是平等的，不管是家财万贯，还是一贫如洗。所以，明白了这一点，我们在面对贵人时，也就值得受到尊重。我们要做到不卑不亢，与他们正常交流，而不是将自己放得很低，把对方视作不可触及的神明一般。

在电影《泰坦尼克号》里，杰克阴差阳错来到所谓上等人的船舱，甚至能与他们共进晚餐。在餐桌上，杰克坦然讲出自己所处的窘境，他丝毫不觉得丢脸，反而觉得很骄傲。他的从容淡定，侃侃而谈，频频博得露丝的目光注视。

做到不卑不亢是一种难得的心态，也是一种生活的艺术。贵人不"贵"，自己也不是没闪光点，何必用世俗的标准来界定贵贱，在面对"贵人"时频频低头呢？

了解对方需求，拿捏心思获得青睐

陈平能够让刘邦接受自己，除了展现出自己的才华和人格魅力，还扮演好了该扮演的角色，帮助刘邦制约帐下的老将，使军中文武势力更加均衡。此外，陈平还献计离间了项羽和范增的关系，正好帮助刘邦脱困。陈平的这些做法都满足了刘邦的需求，他获得更多的信任和青睐也在情理之中。

在职场中，了解老板的心思，就是对工作甚至公司的发展有深入的了解，因为跟老板一起工作，那就是在合作完成一件事情，大家有一个共同目标，而不是自顾自，只做一个完成任务的机器。

光明乳业前董事长王佳芬，就是一个有大局意识的细心人。当时国家市场监督管理总局的局长要引进丹麦资金，建立婴儿乳品合资公司。王佳芬得知这个决定后心存疑惑，但是从公司的角度考虑，她很快就给出了答案：局长希望看到国内的牛奶公司对外开放，从而获得更大的发展。他还对当时牛奶公司的保守作风很不满意，所以牛奶公司的对外合作是他的主要目的，而排他性条款是为了达到这些目的不得不接受的外资方条件。当了解了局长的意图后，她是这样谈判的：婴儿奶粉在未来是一个战略制高点，利润丰厚，如果光明和外资合作，就能占领这个制高点。光明正处于成长的关键阶段，必须抓住一切成长机会，而这次合作正是光明的关键机会，相信会给上海乳业带来惊喜。经过多方的沟通谈判，王佳芬最终促成了合资。

王佳芬平时就会留意主管部门和领导的意图和走向，这不仅拓宽了她的视野，还让她的事业最终走向成功。

在职场上需要有合作的意识，而不能只顾完成自己的工作，等面对复杂的问题时就一头雾水，不知道难题背后的原因、项目开展的目的，这样也很难得到上级的帮助。

站在公司的角度，扩大自己的视野，思考问题背后的意图；同时转变自己的思维模式，让自己跟领导达成合作关系，成为同一个战壕里的战友，这样更容易获得领导的信任。

明确自身定位，不要锋芒毕露

陈平知道自己的长处，那就是善用智谋，帮助刘邦作战，完成统一大业。他也知道自己的短处——他的智谋都是阴谋，甚至是不太道德的。所以，事情过去他只字不提，从不居功自傲。因此，陈平才不会因为自己的"心眼多"受到猜忌，在兔死狗烹的境况下能明哲保身，甚至还一直得到刘邦的喜爱。

汉朝建立后，处处充满猜忌，很多开国功勋下场都很惨，陈平却安然活下来，甚至得到信任，最终成为丞相。究其原因就在于他能明确自身定位，了解自己的优点中隐藏的缺点，从来不会强调自己的功劳和智慧。如果刻意求取功名，让自己锋芒毕露，反而给自己挖了坑。

上海某大学金融专业的毕业生小史，到了一家国有大型企业担任销售助理一职。这个职位让小史能够完全发挥自己的能力，他在业务方面完成得十分出色，一次业务谈判连老总都对他刮目相看。但令人意外的是，6个月试用期结束，公司人事部门委婉告诉他：长假之后不用来报到了。

小史甚是苦恼，事后才知道，单位领导和同事对他的能力没有任何质疑，但是对他的综合表现评价只有四个字——锋芒太露。过于希望崭露头角，不注意处理人际关系，甚至让领导和同事更难以接受的是，对于他们的一些错误以及单位某些制度上的不健全，小史都会毫无保留地提出，丝毫不给大家留情面。

锋芒毕露，在古代宫廷之上会受到猜忌，在现代职场也会遭到妒忌。除此之外，一个人将自己的优点毫无保留地展现，显得锋芒毕露，会压过周围的所有人，自己势必也会暴露缺点，在遭到妒忌的同时让人抓住把柄。锋芒太露的人虽然完成了所有工作，但是时时越俎代庖，处处展现自己的光芒，做不到尊重别人。不注重人际关系，也同样说明他不是一个很好的合作者，贵人也会避之不及。

　　中国是一个人情社会。职场上不光关注你的能力，还看你是否有合作精神，能否得到合作者的支持。因为工作中各有各的位置，我们要找准自己的定位，低调做人，学会深藏不露，这样才会少一些嫉妒的目光，多一些和谐。在自身实力过硬的同时，还有让人乐意与自己合作的软实力，贵人自然就会不请自来了。

　　陈平是智慧的代表，他的智慧体现在寻找贵人，吸引贵人，然后和贵人达成深度的合作。纵观他的一生，他处理和合作者之间的关系，粗中有细，有勇有谋，不管是在人生道路上还是在职场中，都能给人深刻的启发。

第九章

刘备

当你的实力不足以支撑梦想时，
要学会韬光养晦

刘备

当你的实力不足以支撑梦想时，要学会韬光养晦

扫一扫
听音频

在文艺作品中，有一类人物形象饱受喜爱：他们往往"腹黑"隐忍，时常扮猪吃虎，前期韬光养晦，后期惊艳众人。比如前几年，电视剧《庆余年》非常火爆。剧中男主角范闲，人称小范大人，给很多人留下了深刻的印象。他重情重义，有勇有谋，武力值也很高。人们比较欣赏他的地方，就是他特别善于韬光养晦。他平时嬉皮笑脸，大多是在伪装，为了自保，或者保护家人和朋友。他绝不锋芒毕露，关键时刻却能一展身手——这样的处事方式，正是许多从底层起步的"小人物"所需的成长技巧。

在历史上，像范闲这样懂得韬光养晦的人不在少数。《三国演义》中为人熟知的刘备，就是其中比较典型的一个。

三国诸侯中，起点最低的恐怕就是刘备。他虽然是没落贵族，算不上绝对的草根，却是曹操口中的"织席贩履之辈"，除了皇室宗亲的身份好像也没什么值得称道的。他的一生，波澜起伏。从23岁起，刘备先后依附公孙瓒、陶谦、曹操、袁绍、刘表等多个诸侯，之后和江东集团联手，在赤壁放了一场大火，站稳了脚跟，但这时候他已经47岁了。

紧接着他又马不停蹄奔赴益州、汉中，等他成为汉中王坐稳三分之一天下时，已经58岁了。他经历过无数次绝望，九死一生，又是易主又是败走，甚至

丢老婆丢孩子，可他从来没有放弃。在他人生的前半程，可以说正是"韬光养晦"四字诀窍让他成为一代雄主。

小人物核心策略：韬光养晦

公元196年，刘备在徐州小沛被吕布击溃，失去了栖身之地，兵败走投无路时，投奔了曹操。曹操收留了刘备的小集团，对刘备礼遇有加，他还给刘备兵马粮草，上表汉献帝让刘备做豫州牧，之后，人称刘备为"刘豫州"。使君是东汉时期，人们对刺史和州牧的尊称，所以人们也尊称刘备为刘使君。对于刘备带来的手下，曹操也都封了官职。曹操对刘备的好，不仅如此。他还跟刘备"出则同舆，入则同席"，关系好得不得了。当然，曹操心里也提防着刘备，毕竟刘备也是创业多年，手下的关羽、张飞两员大将，都有可敌万人之资，而且刘备在徐州有所作为，很得民心。为了自保，刘备采用了韬光养晦的策略。

曹操暂时不会杀掉刘备，因为无故杀掉民心所向之人，在当时是很容易被谴责的，也会降低自己在世家大族中的威信。所以，曹操选择好吃好喝供着刘备，一来是为了观察刘备是否有夺天下的野心，二来也可以困住刘备。

刘备住在曹操给自己准备的居所，由创业老板变成了种田大叔。他在屋子后面，开辟了一个菜园子，每天亲自浇灌，惹得小弟关羽、张飞非常不满，不由得谴责刘备：大哥你是干大事的人，应该志在天下，怎么能沉迷种菜无法自拔呢？刘备笑笑，并没有说话。

有一天，关羽、张飞二人不在，许褚、张辽等十几个人突然来到刘备的住处，说是曹丞相有请，给刘备吓了一跳。刘备是真被吓着了，还是假装的，我们不得而知，估计心里是有点儿慌的。

大家想一想这阵仗，你怕不怕？刘备没有选择的余地，哪怕是鸿门宴，也得去赴宴。于是，刘备便硬着头皮去了。刚一见面，曹操就说："你在家办大事啊？"刘备不好接话，当时他估计在想："难道已经被发现了吗？"曹操又说："种菜种得很有水平啊。"刘备一颗悬着的心稍稍落地，回答道："没有没有，闲着无聊种地消遣。"两人一同走到后园，看到枝头青梅，曹操便同刘备聊起家常，说起自己带兵打仗时让士兵望梅止渴的故事。曹操说："这青梅多好啊。咱们喝点儿小酒，赏赏这青梅吧。"说话间，两人便来到小亭，亭中已备好酒菜。曹操邀刘备入座，两人边喝边吹牛。这时候天色变暗，风雨欲来，天边好像卧了一条龙。曹操便问刘备："龙就跟如今天下的英雄一般。玄德啊，你见过哪些英雄啊？"

这就好比你刚跳槽到一个新公司没多久，老板问你："小刘啊，这些年你也待过不少公司，你觉得哪些公司的老板厉害呀？"你怎么回答？常规答案是：老板你最厉害。但刘备给出了非常规答案：A公司袁老板厉害，B公司刘老板厉害，C公司张老板厉害等，说的都是对手老板厉害，全然不提自家老板。

面对刘备给出的非常规答案，曹操又说："你说的这些，都不值一提。当今的英雄，就我和你两个人。"

问题来了，刘备为什么要给出非常规的答案？曹操为什么又要这样说？

刘备如果当时给出的是常规答案，这说明他还没喝多，只有喝多了，才会胡言乱语，口无遮拦。刘备这样回答，正是想营造已经喝多了的样子。曹操煮酒论英雄，不正是想要这样的效果吗？

曹操为什么对刘备说天下只有他们两个是英雄呢？一个是表示对刘备的肯定，一个则是试探。曹操对刘备，欣赏也是真欣赏，提防也是真提防。如果试探出来刘备的野心，杀也是要真杀的。刘备该怎么回答好呢？恰好这时，助攻出现，一道闪电出现，闷雷滚滚，雷电交加时，刘备的筷子掉到了地上。曹操一看，雷电都能把他吓到，这人胆子也太小了，于是帮刘备捡起筷子，笑着说："大丈夫还怕打雷啊？"刘备满脸真诚地说："圣人也怕打雷啊。哎呀，吓死我了，这雷电，把我筷子都吓掉了。"然后刘备顺理成章，转过话题。

曹操对刘备的试探暂时结束了。雨停了，关羽、张飞两人来找自家大哥，解了刘备的困局。

这个故事很出名，也很有意思，把刘备的韬光养晦体现得淋漓尽致。刘备深知自己当时的实力不足以与曹操抗衡，如果表现出自己的野心和才能，必定会引起曹操的猜忌和杀机。所以他选择了一种看似胆小、实则深谋远虑的方式来应对曹操的试探。他用种菜、浇水、掉筷子等细节来掩盖自己的锋芒，让曹操误以为自己是一个胸无大志、胆小如鼠的庸人。

曹操又叫刘备去喝酒。席间，刘备得知昔日与自己交好的公孙瓒在与袁绍对阵中落败，杀妻自缢，一家人都死在大火中。刘备感慨于昔日公孙瓒对自己的恩情，心里也记挂着赵子龙的安危，于是想借机来个金蝉脱壳，脱离曹操的掌控。他向曹操请求，让自己出兵徐州去拦截袁术军队。曹操也许是被刘备的重情重义打动，也或许是放下了对刘备的戒心，居然同意了，让自己的手下和刘备一起出兵徐州！就这样，刘备带着曹操的兵马，逃离了曹操的掌控。

既然说到曹操，不得不说曹操生命中遇到过的两个人，他们正是"韬光养晦"的正反典型。杨修就是其中的反面典型，他才华横溢，却爱显摆。曹操在与刘备对垒时，说了句"鸡肋"，杨修便自作聪明地怂恿兵士们撤退，结果被早就看他不顺眼的曹操以扰乱军心而论处，聪明反被聪明误；另一个是司马懿，他心机深沉，向来精通示弱、装病，掩藏锋芒，最终笑到最后，夺走了曹家的江山。

韬光养晦与隐忍与其说是我国传统文化里的一门处世哲学，不如说是一门生存哲学。本质是因为社会利益的蛋糕只有那么大，大家都要来分，就像鲁迅先生说的，路只有一条，十分拥挤，老老实实向上爬，多半爬不上去，于是聪明人就会推，把别人推开，踩在脚底下。

作为一个刚刚起步的小人物，在不断完善自身的同时，只能像刘备一般，保

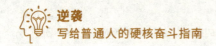

持强大的意志力，不被外界影响，做好打硬仗的准备，就像《道德经》所说：
"持而盈之，不如其已；揣而锐之，不可长保；金玉满堂，莫之能守；富贵而骄，
自遗其咎。功遂身退，天之道也。"

韬光养晦≠躺平摆烂

在韬光养晦这一过程中，并不是说要躺平摆烂，不思进取，而是重在积累，
以期厚积薄发。

《易经》中乾卦的爻辞讲述了一个人从积蓄自身到厚积薄发，登峰造极，最
后盛极而衰的过程。

初九：潜龙勿用。

九二：见龙在田，利见大人。

九三：君子终日乾乾，夕惕若厉，无咎。

九四：或跃在渊，无咎。

九五：飞龙在天，利见大人。

上九：亢龙有悔。

人生走势的变化，正蕴含在这六爻之中。"潜龙勿用"时，小人物放低姿态，
积蓄力量，谨言慎行——这是在等待时机。

"见龙在田"则是抓住机遇，扶摇直上的时刻。之后更要学着谨言慎行，检
视自己的行为，才能保证上升的趋势，这正是乾卦三爻中的"夕惕若厉"。走到
这一步，才算完成了跃升。完成了"打江山"的过程，剩下的便是如何守住基
业，避免盛极而衰的悲剧。

这就是人生历程中的"势"。韩非子说："夫势者，名一而变无数者。"可见
"势"是一种多重特征的存在，它有无穷无尽的体现，潜移默化地影响着事物的

走向。我们所说的"韬光养晦"正对应了乾卦初爻中的"潜龙勿用"。

而刘备在这一过程中，从未因为饱受挫折而放弃，或者沉溺享乐，躺平摆烂。

他被强敌击溃，辗转过许多阵营，无奈之下投奔了宗亲刘表，并且在这里过上了稍稍安逸的生活。几年过去，刘备却没有放弃野心。刘表宴请刘备时，刘备依旧不忘自己的理想与志向。宴席中起身上厕所时，刘备还泪眼蒙眬地感慨说："吾常身不离鞍，髀肉皆消；今不复骑，髀里肉生。"意思是说：日子过得太安逸，不骑马行军，大腿上的肉都长出来了。他在懊悔，也在自我谴责，他始终记得自己的志向。

刘备在韬光养晦的过程中，也找到了适合自己的思想路线，这是非常值得借鉴的。比如在取西川时，刘备曾经说过这么一段话："今与吾水火相敌者，曹操也。操以急，吾以宽；操以暴，吾以仁；操以谲，吾以忠。每与操相反，事乃可成。"他认为，跟霸道诡谲的曹操反着来才能成事，因此退让刘表的荆州，不肯进犯刘璋的益州，都是"仁"这个坚定的思想路线引导着他。

在韬光养晦的过程中，除了坚持自身的志向与方向，适时调整，寻求最优解也是至关重要的。

放低姿态，性格魅力很重要

在刘备韬光养晦的长线作战中，其性格魅力是不得不提的一大助力。

说起刘备，不得不提"仁德"二字。刘备以德待人，爱惜人才，以性格魅力打动了手下文臣武将，取得他们的信任。

这点无论是在《三国志》还是影视作品中都有体现，强大的性格魅力可以说是刘备最广为人知的特点。

《三国志》中有一段非常简短的记载："郡民刘平素轻先主，耻为之下，使客刺之。客不忍刺，语之而去。"刘平不服刘备，派刺客来刺杀刘备，哪知道刺客找到刘备，竟然不忍心下手，反而将实情向他和盘托出，说完就转身离去。《三国志》中没说为什么不忍心，《魏书》中倒是说了：刘备不知道这个人是刺客，待他很是亲厚，因此感动了刺客。

他的仁义之名，塑造了他的魅力与名声，使得他以草根的身份起家，单靠人格魅力，就网罗了众多人才。其中最典型的就是三顾茅庐的故事。他听人推荐，知晓了卧龙诸葛亮的名声，可诸葛亮毕竟是个空有名声、没有实绩的年轻人，刘备却不惜多次登门拜访，就算对方有意晾着他，他也不气不恼。关羽、张飞二人都为此生气，刘备却依旧礼贤下士，虚心请教，因此打动了诸葛亮。

刘备的低姿态和仁慈，在他韬光养晦的过程中，也发挥了另一个重要作用，就是让他方便示弱，能更好地为自身谋取利益。

许多看过《三国演义》的朋友会调侃，刘备的天下是"哭"出来的。他的哭有时是真情实感，有时就是演出来的，其中演技最精湛的当属"刘备借荆州"——他借了就没打算还。鲁肃过来讨要，刘备就让诸葛亮应付。诸葛亮说："这样，等鲁肃一会儿说到荆州，主公您就开始哭就行了，其余的解说，我来。"

果然鲁肃一提荆州，刘备利用自身向来的低姿态，示弱表演，配上诸葛亮解说原因，又是想念荆州原来的主人刘表，又是感伤，哭得捶胸顿足，声泪俱下。

这样一番情境下，别人怎么好意思跟他讨要荆州啊？示弱和仁德的姿态，成为刘备韬光养晦中一把锋利的武器，他用得很熟练，不仅对外人用，对自己人也用，轻而易举就能拉拢人心。正如《处世悬镜》所说："自高者处危，自大者势孤，自满者必溢。"这就是说，自视比较高的人，容易处境危险；自大的人，容易势单力孤；而那些自满的人呢，水满则溢，容易招致麻烦。

现代生活中也是如此，放低姿态可以让名不见经传的年轻人低调、谦逊地做人做事，也能降低一个人的心理预期，更能戒除一个人的自负情绪，令人稳扎稳打地逐级攀升。采取较低姿态、柔和态度也能让一个人在遭到挫折时，不至于跌得太惨，能够像刘备一般，越挫越勇，在漫长的时间中，掩藏锋芒，韬光养晦，最终取得长期的胜利。

刘备的经历告诉我们，在职场上，当你实力不足时，一定要学会韬光养晦，不要太得意。实力不足偏偏得意的人，下场一般不会太好。"木秀于林，风必摧之"，不能锋芒毕露，否则，你在羽翼还未丰满时，就有可能遭人妒忌、打压等。有时候低调、低头、隐忍，是为下一次成功更好地蓄力。

"水曲流长，路曲通天，人曲顺达"，韬光养晦的过程久一点儿，未来的道路或许也能顺遂一些。

第十章

诸葛亮

如何选到好老板，
带你一起飞

诸葛亮

如何选到好老板，带你一起飞

扫一扫
听音频

相信很多朋友都听说过三顾茅庐的故事。大家普遍认为，在这个故事中是刘备选择了诸葛亮。刘备重用贤才，想请诸葛亮出仕，并且三次上门拜访。他用自己的诚心打动了诸葛亮，诸葛亮才加入了刘备集团，为蜀汉鞠躬尽瘁，死而后已。

其实如果从另外一个角度去看，我们会发现，从某种意义上讲，并不是刘备选择了诸葛亮，而是诸葛亮选择了刘备。为什么这样说呢？

诸葛家族到了这一代，有三个特别出色的青年：诸葛诞、诸葛瑾以及诸葛亮。诸葛诞在曹操手下有着不错的地位，诸葛瑾在孙权集团也是中层管理者。诸葛亮是最年轻的一位，也是最有才华的一位，但他一直没有出仕，而是在南阳务农。

诸葛亮对自己的要求很高，自比管仲、乐毅。这两位都是辅佐明君的能臣。在那个乱世，诸葛亮如果要出仕，选择一个什么样的"老板"，对他来说非常重要。

诸葛亮会怎么选呢？

有人追求高薪、高职，而诸葛亮在选择"老板"时，他追求的是合适。什么是合适呢？

就是这个明君，这个有志向、有能力的"老板"，要与自己志同道合。当然只是这样还不够，这个集团还得规模适中，有发展潜力。老板还要非常信任他，让他直接参与决策。这样的要求有点儿高。

孙权也很重用人才，但是他麾下已经有了周瑜、鲁肃等人，更不用说还有吴中四姓，诸葛亮如果去孙吴集团，也许可以像哥哥诸葛瑾那样得到任用，但不会有太大的成就。诸葛亮自己也说过，孙权"能贤亮，不能尽亮"。而且，诸葛亮的岳父黄承彦的族亲黄祖射杀了孙权的父亲孙坚，有这层关系，去了也不会太受待见。

至于曹操集团，作为当时最大的集团，发展前景不好吗？

首先，曹操更看重世家大族之间的合作，尤其是像荀彧这样的人，既是颍川氏族的代表，又是"带资入股"的合伙人。所以荀彧在曹操那里受到了高度重视。其次，诸葛亮的家族和曹操有深仇大恨。当年曹操屠城徐州，诸葛家族原本生活在山东琅琊，后来迁居南阳，跟徐州的动荡也有直接关系。

除了曹操集团、孙权集团，当时还有几个比较大的集团，比如韩遂、马腾、刘表、刘璋、张鲁等人的集团。

但刘表徒有虚名，马腾、韩遂等人属于后起之秀，张鲁也只是刚刚起步。

这些集团虽然都有一定的实力，但都不适合诸葛亮。

有一个人很符合他的要求，那就是还在刘表手下的刘备。

刘备战争经验丰富，在各地奔波作战。他手下的几名武将都是万人敌。他的集团正缺少谋士和战略家。而且刘备以安定天下为己任，这一点非常契合诸葛亮的职业追求。

诸葛亮在《出师表》中写道，"苟全性命于乱世，不求闻达于诸侯"。他要的不是名声和地位，而是跟随明君去平定天下、安邦定国的一个机会。刘备正好合适。所以与其说是刘备选择了诸葛亮，不如说是诸葛亮在布局，他在等待这样一个人的出现。

刘备也非常诚恳。他三次上门拜访诸葛亮，前两次去了都没见到诸葛亮本人，直到第三次才见到。有人感到疑惑：诸葛亮不是想要出仕吗？他不是正在等待刘备这样的人吗？刘备来了，他为什么不出面接见？这就是诸葛亮对刘备的考察。就像我们去一个公司面试，面试官会设置一些问题，而我们对这个公司也会进行考察。诸葛亮要看看刘备是否真的求贤若渴，如果答案是肯定的，刘备就不会在乎求见两次都没有见到诸葛亮。

刘备诚心拜访却吃了两次闭门羹，他的手下关羽、张飞很不理解，不明白主公为什么对这个尚未展露才华的文人这么上心，天底下人才多得是，非他不可吗？

殊不知，诸葛亮正是在等刘备明确心意。当刘备第三次依然恭敬地上门拜访时，诸葛亮就明白，是他了，就是他了，这一生就跟着他了。当然，诸葛亮也明白"老板"如此求贤若渴、礼贤下士，他也得展示自己的才能。

于是诸葛亮上来就给了刘备一份"商业计划书"，也就是著名的《隆中对》。我们如果仔细研读《隆中对》，会发现这里面很有意思。诸葛亮对当时的局势分析得非常到位。有的朋友可能感到疑惑：诸葛亮不是在南阳务农吗？天天在家种地，怎么对天下大势那么了解？

事实上，诸葛亮的岳父家在南阳也算是名门望族。诸葛亮谦虚地说自己"躬耕南阳"，你就真以为他在家只是种地吗？他岳父每天带着他在上流社会游走，展示才学，结交人脉。在这个过程中，诸葛亮也在组建自己的情报网，不然怎么能对局势如此了解？

这份"商业计划书"让刘备眼前一亮，更加坚定了把诸葛亮纳入麾下的决心。刘备还非常信任诸葛亮。对新人交的一份"计划书"，刘备只字不改地执行。而且诸葛亮一进"公司"，刘备就让他当"高管"，管钱管粮，诸葛亮这算"技术入股"。可以说，诸葛亮一进职场，就达到了自己想要的目标。

诸葛亮寻找自己的明君的这段经历，可以给职场上的我们什么样的启示呢？

建立信息网，掌握更多选择机会

诸葛亮通过人脉关系，建立自己的信息网，所以了解了天下大势，搜罗更多的"就业"机会。他不是个只知道"躬耕南阳"、消息闭塞的诸葛村夫，而是身处草庐之中却掌握天下大势的隐士高人，所以他早就瞄准了刘备，把握住了这次绝佳的机会。有了更多的选择，就有更大概率找到适合自己的位置，这中间最关键的因素就是信息。

有的谋士空有才能，却跟错了老板，自己的才华总是无处施展，就像同时代的许攸。在袁绍与曹操的关键对决——官渡之战中，许攸向袁绍屡献奇策，袁绍却首鼠两端，多谋少断，对属下多有猜忌，错失攻下曹军的良机。许攸甚是失望，于是投奔了曹操。像袁绍这样的主公，许攸只是因为与他自小交好，却没有思考双方是否合适，没有思考自己有没有其他更好的选择，竟然跟随十几年才醒悟，是不是有点儿晚了？

2006 年，哈佛大学法学院教授凯斯·桑斯坦提出了"信息茧房"的说法，描述了一种令人担忧的社会现象：人们只会关注自己选择的东西和让自己愉悦的领域，最终把自己桎梏在狭小的"茧房"中。

狭小的信息来源会将自己困住，让自己没有选择的余地，只活在自己的舒适圈中，不去看看外面的世界。如果真的只关心自己周围的"一亩三分地"，你的满腔抱负和满腹才华就只能投注在与自身价值不匹配的地方。更可怕的是，那些抱负和才华，也会随着时间的流逝，在自感舒适的环境里被磨灭殆尽。

在职场上，要想找到合适的工作和可靠的老板，首先要去了解，多去收集各个领域和不同公司的信息，走出去！这是最基础的一步，也是最关键的一步，因为世界是无限广阔的，我们也不能闭塞，这样才能跟外界接轨，找到自己事业的目标，而不至于像一只"无头苍蝇"，在选择自己的事业时没有目标，甚至随便对付对付就行了。选择工作时不负责，又怎能为自己的一生负责呢？

工作对人非常重要，那么在当代社会求职择业时，应该怎样收集信息，看清天下大势，找到属于自己的"刘皇叔"呢？

1.了解就业趋势。把握经济社会发展规律和行业波动规律，掌握宏观行业信息，可以通过研读政府及行业公报、采访业内人士了解行业工作状态。

2.咨询就业管理部门。就业管理部门掌握着用人单位的信息，具有权威性，信息的可信度和完整度是别的部门无法比拟的，但就业管理部门的相关就业信息主要针对应届毕业生。

3.前往各大招聘会。招聘会容纳了求职者需要的庞大信息量，求职者在这里可以跟用人单位直接洽谈，方便且快速地与用人单位互相选择。

4.利用各类媒体网络。时代在进步，科技在发展，市面上的招聘软件层出不穷，求职者可以便捷、直观地看到企业以及岗位信息。

5.运用亲友等人脉。求职者可以通过身边的家长、老师、朋友、校友等社会关系，了解他们行业内的信息。

现代社会信息传播快捷，获取信息甚是方便。所以不要困守在狭小的信息茧房里，久而久之，信息茧房会变成精神茧房，让人懒于去了解更大的世界，就更难找到专属于自己的事业了。

确定需求，找到最契合的位置

诸葛亮跟随刘备，要的不是荣华富贵，而是一个匡扶汉室、拯救万民的机会，能让自己的才干得到充分的发挥。刘备有兴复汉室的志向，而且集团缺少有谋略的军师，这恰恰契合诸葛亮的目标，符合他的需求，最终他们共同组成了一个志同道合、坚韧无比的团队。

诸葛亮加入之后，刘备集团所向披靡，各种谋略的使用让天下人瞠目结舌。这样的队伍进退有度，未来前景大好不在话下。

无论做什么事情，我们都需要设定一个目标，在求职时也不例外。

求职时首先要明确自己想要的是什么。你要名声和地位吗？你要赚钱吗？你要锻炼自己吗？你要实现自己的梦想吗？明确自己心中想要的，这是在做选择的时候比较重要的一点。在此基础上去了解公司的属性，评估这家公司能否满足自己的需求。如果想赚钱，那就去工资开得高的公司，这也无可厚非；如果想要锻炼自己的能力，那就去适合学习与发展的创业公司……

知道自己的内心需求，暂不考虑其他的条件，先明确一个目标，接下来的选择难题就迎刃而解。

只有这样，才能更加快捷、准确地找到契合自己的公司，才能在海量的职位之中选择与自己匹配度最高的那一个。

了解文化，底蕴决定合作长度

在乱世之中，刘备要匡扶汉室，让汉朝的血脉延续，这正符合诸葛亮的价值观。其他集团虽然实力雄厚，但是它们的价值观诸葛亮不一定认可：曹操的志向是一统天下，但是这个天下是不是汉家的天下，那就不好说了；孙权偏安一隅，东吴版图很难扩张，实现不了诸葛亮的远大志向。所以只有刘备与诸葛亮志同道合。

俗话说"话不投机半句多"，其中就与价值观和思想的契合程度有关。这是一个文化问题。文化不仅仅是知识水平，还有环绕周身的气质、气场。一家公司也有独属于它的气场，体现在各个方面，包括公司的长期目标主要落实在哪一个层面，是为了赚钱，还是为了达成某个企业愿景；包括它的理想主义程度；还包括它能否让员工实现自己的目标或者看到实现目标的希望……有一句很火的话——"十亿企业靠销售，百亿企业靠产品，千亿企业靠文化"，文化决定了企业成长的上限。团队共同的价值观、使命和愿景是组成企业文化的关键因素。

譬如阿里巴巴的企业文化，并不是由上层决定的，而是自下而上提炼的，体现了对员工的尊重，并且让价值观从企业要求变成了员工要求，更容易被员工所接受和传播。参与价值观提炼的是员工代表，后期也能很自然地转为价值观传播的种子。

阿里巴巴会有如此高的成就，跟它的企业文化是息息相关的，单是制定价值观的流程就能发现它的企业文化是怎样的性质。

不论发展到什么高度的企业，都有自己独特的文化。这些都是藏在细微处的气韵，只要一踏进公司大门，你就可以切身感受到，就可以判断自己能否融入这个大家庭了。

我们在选择公司时，要选择文化、价值观和自己相契合的公司。老板作为公司的核心人物，他的事业观跟你的发展方向也要相契合。这样，你才能保证自己能在这个公司干得舒心。不然，你在一个感觉不舒适的公司里工作，肯定也待不长久。

能施展拳脚，有足够成长空间

曹操集团的整个阶层几乎固化了，曹操麾下并不是没有寒门，但是寒门在曹操旗下基本上就是做打手的，曹操骨子里面重视的还是那些世家大族。诸葛亮是名不见经传的一介农夫，他的横空出世让大家甚是疑惑，可见他是独立于各个世家大族之外的，即使加入曹操集团，再怎样发挥才能，也得不到曹操的重视，对自己来讲也是大材小用，没有足够的空间施展拳脚。而如果加入孙权集团，孙权"能贤亮，不能尽亮"，也会是差不多的情况。

我们求职时，还要考察公司的管理制度，可以考虑两个问题。

第一，这个管理制度能否给你提供成长的空间？这个很重要。经济学教授薛兆丰讲过："年轻人要做难做的工作。"做难做的工作，就是做超出自己能力范围的工作，这样才能学习更多的专业知识，提升自己的工作能力和水平。

但是成长空间的大小也在于自己，要努力让自己不受限。首先，要明确自己的职业规划，规划一个清晰的职业发展道路，拥有自由发展的空间，这样还愁没有发展的方向吗？其次，在公司要有主动参与项目的积极性，不要以"我不行""经验不足"来否定自己，这正是提升自己的绝佳机会。最后，积极参加专业技能的学习和培训，只有参与了，才能更清楚自己的优势和短板，全方位提升自己。

第二，这个管理制度能否给你发挥自己才能的机会？比如说，你进入一个公司，想做到管理层，但是这个公司的管理层已经固化了，上升很难，那么即便你表现再出色，升迁也非常难。发挥的空间如果已经非常狭隘，不仅自己的才能无用武之地，自己的职业道路也会因此而受限。

做好准备，迎接更多青睐目光

刘备见到诸葛亮之前，"卧龙"的名号已经在他的耳边萦绕。这不是虚假造势，而是诸葛亮的名声已经在圈子里打响了，因为他的才能实在出众，是众人所不及的，所以人们对他才会由衷佩服。诸葛亮的出众才能，在《隆中对》中也展现了出来，这一统天下、匡扶汉室的计划表制定得完美，也直接将刘备征服。

可见想受到老板的青睐，自己要有一定的才华，有一定的名望。倘若自己只对公司有要求，却没有相应的才干，又怎么会收到公司抛来的"橄榄枝"呢？现实就是这样残酷！如果自问没有足够的才华，只能从易到难，慢慢提升自己，让自己有更多的选择空间。

另外，机会都是留给有准备的人的。我们求职时可以根据岗位的要求，做好相应的准备，拿出切实可行的方案。这样不只展示了自己的才华，更体现了对公司的重视。诚心也是非常能打动人的利器，当然首先需要有足够的才能。

做到这样，才更容易实现与老板的双向奔赴，拿到心仪公司、心仪岗位的聘书。只有双方互相需要，互相欣赏，才能使合作更加默契，更加长久，彼此更加信任。

做对选择很重要。你做对选择，选到了好公司、好老板，这样才有成长的空间和机会。天纵奇才也需要被看见，选择也是才华展现的一部分。我们虽然没有诸葛亮伟大，但找到与自己相契合的职业岗位，能发挥自己的才华，作出属于自己的贡献，又何尝不能成就精彩的人生？

第十一章

花木兰

女性如何摆脱自己的枷锁

花木兰

女性如何摆脱自己的枷锁

扫一扫
听音频

在当下，女性主义是一个比较火的话题。关于它的讨论很多，争议也很多，在一定意义上，这正说明当代的女性在觉醒，在思考。其实，女性主义并不仅仅是现代的理论和行动。我国古代有个奇女子，她用自己的行动，给很多人上了女性主义的第一课。

她就是花木兰。

花木兰是中国古代传说中，一位女扮男装来代父从军的传奇女战士。她的故事最早出现在《木兰诗》中，后来被改编成民间戏曲、地方县志、小说、电影等各种形式传播，成为民间耳熟能详的女性从军的标志性人物，也被视为民族英雄。

唧唧复唧唧，木兰当户织。不闻机杼声，唯闻女叹息。

问女何所思，问女何所忆。女亦无所思，女亦无所忆。昨夜见军帖，可汗大点兵，军书十二卷，卷卷有爷名。阿爷无大儿，木兰无长兄，愿为市鞍马，从此替爷征。

东市买骏马，西市买鞍鞯，南市买辔头，北市买长鞭。旦辞爷娘去，暮宿黄河边，不闻爷娘唤女声，但闻黄河流水鸣溅溅。旦辞黄河去，暮至黑山头，不闻爷娘唤女声，但闻燕山胡骑鸣啾啾。

万里赴戎机，关山度若飞。朔气传金柝，寒光照铁衣。将军百战死，壮士十年归。

归来见天子，天子坐明堂。策勋十二转，赏赐百千强。可汗问所欲，木兰不用尚书郎，愿驰千里足，送儿还故乡。

爷娘闻女来，出郭相扶将；阿姊闻妹来，当户理红妆；小弟闻姊来，磨刀霍霍向猪羊。开我东阁门，坐我西阁床。脱我战时袍，著我旧时裳。当窗理云鬓，对镜帖花黄。出门看火伴，火伴皆惊忙：同行十二年，不知木兰是女郎。

雄兔脚扑朔，雌兔眼迷离；双兔傍地走，安能辨我是雄雌？

花木兰代父从军的故事，流传了千年。人们称赞花木兰的孝心，称赞她的爱国。然而在另一层面，花木兰作为无数女子的榜样，更值得我们学习的是接纳自己。接纳自己，才能摆脱性别的枷锁；接纳自己，才能真正地挣脱框架的束缚。

什么是性别的枷锁，什么又是框架的束缚呢？性别的枷锁，就是社会对男女不同角色和行为的刻板印象和期待。譬如男性应该勇敢坚强，应该闯荡事业；而女性应当温柔贤淑，应当相夫教子。这就是对于性别的刻板印象。它从一个人出生开始，潜移默化地规训着社会中的每一个人。框架的束缚，就是个人对自己身份和能力的固定认知和限制。这些都会影响我们获得自由和幸福，让我们无法展现真实、完整的自我。

花木兰是如何接纳自己的呢？她是如何摆脱性别枷锁和框架束缚的呢？我们也许可以从大家都熟悉的代父从军的故事中找到答案。

花木兰为什么要去参军呢？如《木兰诗》文中所说，当时正值战争年代，皇帝下令每个家庭必须有一名男丁应征入伍。听到征兵的命令，正在织布的花木兰没有犹豫，她决定替年迈的父亲去战场。

她从织布的房间走出来，有条不紊地置办物资，"东市买骏马，西市买鞍鞯，南市买辔头，北市买长鞭"。她不顾社会对女性不适合从军的偏见，也不顾家人

对她安危的担忧。形势所迫，她别无选择，她只想保护自己的家人。

这是一种无私和勇敢的爱，也是一种对自己能力的自信。她没有被性别所困扰，她做了自己觉得对的事情。谁说女人只能待在家里？谁说女人不能上战场？谁说女人就比男人差？

事实上，战场上的女性屡见不鲜。阿列克谢耶维奇的作品《战争中没有女性》中提到，早在公元前四世纪，古希腊的雅典和斯巴达军中就有女性士兵；在我国历史上，上古时代就有女将军妇好出现。另外，二十世纪的两次世界大战中，也不乏女性的身影。她们在那些看似完全属于男性的岗位上冲锋陷阵，比如坦克手、冲锋枪手等。战场上处处都是女性。

虽然花木兰无法得知这些历史与数据，但她接纳自己的过程非常坦然，我们几乎看不到她的纠结。在意识上，她没有为自己设限。

到了军营，这场艰苦而又精彩的冒险，对花木兰来说算是正式开始了。她要和一群男人一起生活、训练、作战，还要小心翼翼地隐藏自己的真实性别，这可不容易。在那个时代，女人是不能参军的，如果被发现了，后果不堪设想。她要忍受同伴们对她的嘲笑和排挤，因为她总是表现得很怪异，比如不和大家一起洗澡、打闹等。她要在生死边缘挥洒热血，也要在心灵深处保持清醒，这是多么困难和孤独啊！

她要像男人一样在战场上厮杀，手上长茧子了，皮肤变黑、变粗糙了。她不能像以前一样梳洗打扮做女红了，不能在织房里一织就是一整天了，不能继续做一个不谙世事的小女孩了，她只能一点点适应自己的新生活。但是，在深夜里，她还是会想起自己是个女孩，她还是有女孩子的心思和情感。她还是喜欢美丽和温柔的东西，有女性爱美的天性，有女性蒲苇般坚韧的性情。

由于女性的天然优势，她比一般的士兵更加细心，思虑也更加周全。她的话语，总能有抚慰人心的力量；她的行动，总能让人感到信赖和敬佩。渐渐地，花木兰在军营里赢得了很多人的尊重和喜爱。她变成了一个真正的战士。她学会了用刀枪弓箭杀敌，学会了用智慧策略取胜。她也变得更加坚强和成熟。

战争结束后，凭借自身多年的打拼，花木兰功成名就，被皇帝封为将军，并赐予金银财宝。然而，她婉拒了皇帝的赏赐和留任的邀请，只想回到自己的家乡，回到自己的父母身边。她脱下了男装，换上了女装，"开我东阁门，坐我西阁床"，"当窗理云鬓，对镜帖花黄"，恢复了自己原来的模样。她向战友们告别，向皇帝致谢，向国家告辞。这是一种豁达和自由的选择，也是一种对自己身份和归属的认同。她没有被荣华富贵所迷惑，找到了自己真正想要的生活。

花木兰给我们展示了一个摆脱性别枷锁和框架束缚的女性榜样。她敢于接纳自己，不受社会和个人的限制；她勇敢地追求自己的理想，不畏生死和困难；她豁达地选择自己想要的生活，不贪功利和荣誉。她是一个真实、完整、美好的女性，也是一个真实、完整、美好的人。她让我们看到了女性主义的精髓：自我接纳。

那么，我们怎么才能像花木兰一样接纳自己呢？我认为需要做到以下几点。

第一，要有自信，有打破藩篱的勇气。

自信是一种难得的力量，可以冲破阻碍，可以战胜挫折，可以让我们一往无前，也可以让我们赢得尊重和认可。要相信自己有能力做好任何事情，不要轻易放弃或妥协，这样才有可能取得成功。做事情不自信，畏缩不前，有可能让我们在关键选择中错失机会。

在封建社会，女性受到的限制非常多。比如，女皇武则天在挣扎上位的过程中，面临着前所未有的抵抗，因为她的性别在儒家父权社会中就是政治场中的原罪，女性就是不能当皇帝。所以说武则天建立武周王朝，遭遇了从古至今最激烈的否定，在那时这叫"牝鸡司晨"，就是说一只母鸡打鸣，这是僭越。"牝鸡司晨"出自《尚书》，其实后面还跟着一句"惟家之索"，意思是说母鸡打鸣，你们家就坐等破败吧。同理，女性当皇帝，那王朝也必将迎来倾覆。

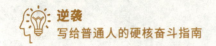

这也在另一个层面说明了，在父权制社会中，女性身上枷锁重重。

好在武则天本人有足够的自信，她用一代女皇的经历告诉后世，最重要的是跨越外界对你设置的限制。

武则天在李世民身边时，利用侍奉的机会，学到的不仅仅是诗书礼仪，更是政治。

她打破了世人惯有的想法。男子该干什么，女子又该干什么，她不信这套理论，也甘于充当李治在朝堂和后宫的"打手"，从中积攒资源，为自己谋求前途。

现代社会对于女性的束缚比封建社会已经减少许多，但仍旧存在，比如人们称呼外卖员、快递员总是以"小哥"代称，忽视了其中占比不低的女性员工，也让更多的女性想要从事类似职业时心怀忐忑，甚至遭受歧视。

生活中还有一些隐性歧视，大家可能已经习以为常，比如钢琴琴键的尺寸，都是按照男性的平均手形尺寸设计的。类似的例子还有很多，看起来不起眼，但它们无处不在。

因此，女性更要树立自信，打破隐形的歧视与规训，坦然接纳自身的长处与不足，为自身想达成的目标而努力。

第二，要有创造力。

创造力就像魔法师，有着化腐朽为神奇的力量，让我们发现新的可能性和机会。我们要敢于尝试新的事物，敢于突破固有的思维方式，不拘泥于旧的规则，给思维一个天马行空的机会，给生活和工作更多的可能性。请放开胆子，大胆创造，体会创造力给我们带来的惊喜。

第三，要有责任感，要知道自己想要什么。

责任感是我们前行路上的动力，它驱使着我们对自己的行为负责，也驱使着我们对他人和社会负责。肩上有了责任，行动起来，才会更有力量，遇到挫折，才会有坚持下来的理由，有克服困难的动力。我们要明确自己的目标，并且努力实现它们。

有些女性，虽然能力很强，但也常常面临职场上的困惑。其实，这个世界没有完美女性，没有女超人。女性在职场上的困惑一部分原因在于自身不自信。一份工作，女性总是习惯在很有把握的情况下再去尝试，但是事实上，只要有一点机会，很多男性就会欣然接受。因此女性们不必低估自己，要有野心，要知道自己想要什么，敢于表现自己，然后努力地去争取机会。

第四，要有勇气。

勇气是一种品质，它可以让我们面对挑战和风险，也可以让我们坚持自己的选择和信念。我们要敢于做自己，敢于说出自己的想法和感受，不要因为害怕或羞涩而隐藏自己。

第五，也是最重要的，就是要爱自己，寻求精神上的独立。

我们要学会爱自己的身体、心灵、性格、兴趣等，不要因为别人的评价而否定自己。你就是你，是独立的个体，可以是女儿，是妻子，是母亲，但首先要是你自己。花木兰的一生中，作为女儿，她为家人而做出决定，然而在军旅生涯中，她始终保持着自身的独立人格，没有为任何关系而妥协，始终坚守自己的内心。

千万不要因为外界的质疑而轻易否定自己，比如在我国历史上，有许多女子作为史书中非常艳丽的一笔，折射着盛世的繁华，也喻示着王朝的倾覆。她们往往被称为"红颜祸水"，如妲己、褒姒、杨贵妃等。然而在封建时代，绝大部分女性无法触及权力顶端，想要祸国，难度很高。对于这个问题，鲁迅先生是这么说的："我一向不相信昭君出塞会安汉，木兰从军就可以保隋；也不相信妲己亡殷，西施沼吴，杨妃乱唐的那些古老话。我以为在男权的社会里，女人是决不会有这种大力量的。"

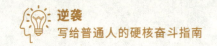
　　面对不合理的质疑，要切记接纳自己，爱自己，坚守自身的选择，不被外界动摇。

　　心理学上有一个术语叫作"煤气灯效应"，来自电影《煤气灯下》。主角安东是个潇洒帅气的钢琴师，他的太太宝拉比较敏感，而且还继承了一大笔遗产。安东以保护宝拉为借口，将宝拉变相囚禁在家里。家里也发生了很多离奇事件，每到夜晚，房中的煤气灯忽明忽暗，并发出可怕的声音，而灯亮的时候，安东就回来了。其实正是安东在控制宝拉，奇怪的事情也都是他制造的，他还指控宝拉是精神病，通过造假让别人相信。"煤气灯效应"中，一方不断地通过话语来欺骗、打压另一方，使得受害方被控制，自我怀疑，这和人们常说的"PUA"有些相似。如果外界的言论让你感觉到不自信、自我怀疑和压抑，不如放下自我反省，坚持自我。

　　就如同花木兰，在从军的整个过程中，她想必也遇到过很多的质疑与否定。她能做的，只有坚守自己的选择。

　　此外，对于女性来说，精神独立也极其重要。从古至今都是同样的道理。一位女性，切忌陷在恋爱或婚姻的执迷中，失去自我。《诗经》中的《氓》讲述了女孩与意中人私定终身的故事，可是爱情来得快，去得也快，婚姻并不能成为彼此相爱、幸福生活的保障，诗中女孩发出"士之耽兮，犹可说也。女之耽兮，不可说也"的感叹，无异于一声警钟。

　　世界知名的大美人伊丽莎白·泰勒凭借美貌作为童星出道，12岁时凭借电影《玉女神驹》成为超级巨星。她拥有一双多情得会让人感到眩晕的紫罗兰色眼睛，曾两次摘得奥斯卡影后桂冠，更留下了埃及艳后这个经典银幕形象。

　　她的一生追求爱情，结过八次婚，可是婚姻生活并不幸福。就算有奢华的珠宝为她的爱情做点缀，也依旧无法填平她的坎坷情路。她追求"充满安全感和爱"，却在坎坷的婚姻生活中迷失了部分的自己。

　　当时光飞逝，青春不再，迈入老年的泰勒专注于慈善事业，创建艾滋病研究基金会，并且将一生所得的珠宝交由佳士得拍卖，把拍卖所得全部捐献出去。

她就好像绽放的美人花，又展现出了新的姿容。

正如她的某一任丈夫评价她："华服珠宝她要，名利她要，钻石她也要，而且还要最大颗的，可这有什么错呢？她能收养小孩，帮助癌症患者，她也可以对不喜欢的记者骂脏话。这就是一个有血有肉的人。她就是这样凛冽的女人，凛冽得让人感到真实。"

可见，你只需要做最真实、最完整、最美好的自己，就足以让这个世界为你骄傲。打破藩篱，摆脱枷锁，每个人都能如花木兰，变不可能为可能。

第十二章

陶渊明

如何在失意人生中，寻找诗意

陶渊明

如何在失意人生中，寻找诗意

近年来，年轻人回家种地的新闻屡见不鲜，越来越多的普通人认识到自身的平凡，选择"逃离北上广"，过上不同的生活。

他们之中有的人在大城市待腻了，想回到家乡找点儿归属感；有的人感到在大城市生活压力大，想换种轻松的生活方式，回去种地；还有人是想回到家乡创业致富。不管怎么样，总有人选择离开。

对于这种离开，有人说好，有人说不好。大城市确实压力大，节奏快，谁不愿意过慢节奏的生活呢？有对"90后"夫妻，之前都在互联网大厂工作，也选择双双回家种地。回去之后，村里的人议论纷纷，有人说他们是在大城市混不下去了才回去的。事实上，不同的人有不同的选择，在大城市打拼还是回归故里都是自身的选择，冷暖自知，外人也没资格说三道四。

不过近些年的"回家种地"潮，多半与社会上的"内卷"风潮脱不了干系。

"内卷"原本指一个文化模式上升到高级的形态后，无法转化为新的模式，只能在内部变得更为复杂。在当代语境中，"内卷"是指资源有限，导致竞争骤增，人们非自愿地卷入其中，最终付出与收益不成正比，为"卷"而"卷"。

而与之对应的，许多人称"回家种地"等低欲望的生活模式为"躺平"。在这样的生活模式下，难道就不能寻找向上的生活了吗？不，当然不是。

如何面对理想与现实之间的鸿沟

其实，回家种地也不是什么新鲜事儿。历史上就有一个因为回家种地而特别出名的人。这人就是陶渊明。当然，陶渊明不是因为种地种得好才出名的。而是因为，他辞官回家种地这个行为，对古代的读书人来说，实在太厉害了：官场不顺我心，那就回家种好自己的一亩三分地，耕耘好自己的精神领地。而且，他这一回家，给后世在人生旅途上遇到挫折的人们，提供了一个心灵的栖息地，一个精神上的桃花源。

有人说陶渊明是失败者，有人说他是逃避者，那么他真正的生活状态是怎样的呢？我们现在就来聊聊，陶渊明辞官回家种地的故事。陶渊明在历史上算是一个让人敬佩又让人困惑的人物，而他的选择，也映射了当代许多人看似"躺平"式的生活。

陶渊明出身于东晋末期的仕宦之家。他的曾祖父陶侃是东晋著名的军事将领，军功显赫，成为八州都督，死后被追封为大将军。陶侃在那个重视门阀的时代，从一介布衣到官居高位，可以说是当时寒门的希望之光。陶渊明的祖父官至太守。陶渊明的外祖父孟嘉也是东晋的名士，他气度不凡、文采斐然，喜欢喝酒，陶渊明爱喝酒这点，估计遗传自外祖父。陶渊明的父亲陶逸性情洒脱，做官做得如何不太清楚，但是家里还算比较殷实的，可惜寿命不太长久。按理说，陶渊明本是世家的后代，理当资源优渥，然而他幼年丧父，家道中落，生活条件渐渐变差了，也要从底层做起。好在陶渊明年少时好读书习琴，也曾修习儒学，是个非常上进的年轻人。

之所以讲到陶渊明的出身，一方面是为了介绍他的家学家风，另一方面也涉及当时的人才遴选制度，因为在晋朝，一个人能否当官、官能做多大，都与出身密切相关。

陶渊明的家族，在东晋算不上门阀，也算不上寒门，算是二流的士族。这就决定了陶渊明仕途的起点，不会太高。陶渊明的游宦生涯，是从二十岁开始的。后来，他曾经多次出仕为官，但每次都以辞官告终。他辞官的理由有：不满官场的腐败黑暗，不堪官场的繁文缛节，不为五斗米折腰，妹妹离世奔丧心切等。他最后一次出仕为彭泽县令时，只做了三个月就解印而去，此后二十多年，他不再在仕途与本心之间反复拉扯，直截了当地拒绝一切官聘，一心务农隐居。

陶渊明职场生涯的五进五出，看似有各种各样的理由，其实，最根本的原因，一是他的天性所致，二是他的志向使然。

他的天性是什么样的呢？在《归去来兮辞》的序言中，陶渊明说："质性自然，非矫厉所得。"他本来就爱好自然、自由，不是造作勉强就可以改变自己的。在《归园田居·其一》中，陶渊明也说："少无适俗韵，性本爱丘山。"他年轻的时候，就不太热衷于名利权势，打从骨子里喜欢大自然。

那陶渊明的志向是沉醉于他所热爱的大自然吗？并不是。陶渊明虽然骨子里喜欢田园，但作为一个深受儒家思想熏陶的士人，作为祖辈忠于晋朝的读书人，陶渊明还是有一腔热血，想要报效国家，做出点成绩的。他在《咏荆轲》等诗中，赞美那些为国为民牺牲奉献的英雄豪杰，也表明了自己的志向。

可惜，命运并没有给他这个机会。陶渊明第一次做官，是在王凝之手下。王凝之虽然是名士王羲之的儿子以及才女谢道韫的丈夫，但这个人能力不强，是个整天沉迷于五斗米道、在战乱时临阵脱逃的庸才。

试想，有这样的领导指挥着自己，初入职场的陶渊明，该怎么实现他的理想抱负呢？陶渊明待了没多久，辞官回家了。后来，他又出来做官。当时桓玄叛乱，很不幸的，陶渊明正是在桓玄那里做官，气节高尚的他，怎么能给乱臣效力呢？于是他再次辞职。再后来，他在镇军将军刘裕那里担任参军。由于不得志，加上不满刘裕的行事作风，他再次选择辞职。陶渊明并不是一开始就放弃了自己在仕途上的理想抱负。可是他实在不愿意跟那些奸佞小人打交道，也不愿意违背自己的良心和原则。晋朝当时的官场风气异常混乱，士大夫们并不务实，而是以风雅为好。许多人在混乱中寻求自保，根本没有成就一番作为的机会。

所以陶渊明每次出仕都很快就辞官回家了，正是因为理想与现实之间存在巨大的沟壑，他无处施展自身的抱负。当代社会，许多年轻人自认有才华、有抱负，却没有足够的平台和资源，难以大展拳脚，只能内耗。他们与陶渊明是有些相似的。陶渊明并不想做一个世人眼中的无用之人，但是在那个乱世当中，他找不到一个合适的舞台和机会。对于那个时代的读书人来说，前进的路上布满荆棘，没有畅通无阻的道路让他们展现才华，实现抱负。读书人要想有所作为，必须学会妥协让步，要么曲线救国，要么随波逐流，很难既保持清正独立的人格，又能达成理想抱负，这几乎是两难抉择。

所以，在两者之中，陶渊明选择了前者，他要保持清正独立的人格，要遵循自己的天性，寻找适合自己的一种活法。

树立自己的标准，活出自己的一方天地

陶渊明在田园中过着清贫而自足的生活，写下了许多反映田园风光和隐逸情怀的诗文，如《归园田居》《饮酒》《桃花源记》《归去来兮辞》等。他在田园中种植粮食和蔬菜，饮自酿的米酒，穿自织的布衣。他说："采菊东篱下，悠然见南山。山气日夕佳，飞鸟相与还。此中有真意，欲辨已忘言。"他在采摘菊花时看到南山的景色，感受到山间的气息，看到飞鸟归来，他觉得这里有真正的意义，但是难以用言语来表达。他在简单的生活中，找到了快乐和满足，他不需要别的东西来增添自己的幸福。陶渊明在仕途上是失意的，但是他找到了人生的另一种可能，那就是：诗意地生活。

陶渊明不追求名利权势，不随波逐流，不媚俗趋时，而是坚持自己的信念和理想，追求自然和自由，保持清高和独立。他在田园中耕种、饮酒、读书、写诗，与亲友、邻里、山水、花鸟相伴相乐。他用诗歌表达了自己对生活的感悟和态度，对黑暗社会现实的批判和反思，对历史英雄的赞美与追慕，对大自然的向往与依恋。

与陶渊明相似的是，"躺平"的现代人并不是无所事事、好吃懒做，而是退出过于激烈的竞争，寻找让自己感到舒适的生活方式。如果能够寻找到更符合自己的喜好或者道德标准、更能体现人生价值的事情，那何乐而不为呢？

他们与陶渊明在一定意义上都传承了庄子的精神衣钵，这种生活方式的关键在于：树立自己的标准，开辟一条新路！

如果内在没有确定的标准来支撑自身，就算选择了与众不同的生活模式，也会因为外界的流言蜚语与重重质疑而感到痛苦。比如回到家乡的年轻人，多多少少会面对亲朋好友、街坊邻居的质询，甚至嘲讽。这时，只有强大的精神支撑才能够帮助他们避免内耗。

比如庄子在《逍遥游》中列举了很多有名的人，这些人有的能达到世俗的成功标准，放到现代一定能考上好大学，找到好工作；有的能够御风而行；还有的是名满天下的统治者，比如说尧。《逍遥游》中写道："尧治天下之民，平海内之政，往见四子藐姑射之山，汾水之阳，窅然丧其天下焉。"意思是著名的帝王尧治理天下，水平很高，然而他去藐姑射这座神山，见到了四位仙人，渐渐地就忘记了自己治理中的天下。

在仙人和大道的面前，连治国理政这种大事，都成了微不足道的小事。尧和庄子，他们从世俗中跳脱出来，建立了新的标准。

庄子的方法在于改变了看问题的角度，转变了视野。

《庄子》中有这么一个故事，发生在庄子和他的老朋友惠子之间。惠子也是一位很有名的思想家，属于诸子百家中的名家。《庄子》外篇中提到了他与庄子的多次辩论。

一次，惠子对庄子讲："魏王送我大葫芦的种子，我把它养起来，结出来的葫芦太大了，既不能用来盛水，也不能当作瓢。这个葫芦不是不大，但是因为没有用处，我就把它砸烂了。"

其实惠子也是在嘲讽庄子"大而无用"，纵然理想大、格局大，可是依旧没用啊。这句嘲讽同样适用于才华横溢的陶渊明，尽管他满腹诗书、精神充裕，可他依旧贫穷，依旧不能达到世俗的成功标准。

庄子回答："是你不知道该怎么使用大的东西。"

他讲到原来宋国有一个擅长制作防止手部干裂药物的人，有一个旅人想买他的药方，制作药物的人觉得这也不是有什么大用的药，只是治疗冻疮和皲裂而已，就卖了出去。而这个买药方的人将这种药用在吴越两国之间的水上交战。吴国的士兵们用上这种药，就能握紧武器了，当然就能杀敌斩将了，因而获得了大胜。买药方的人也由此收获吴王赏赐的土地。不起眼的小东西，却能在战场派上大用场，关键在于怎么用。

庄子又说："现在你有这个大葫芦，何不把它挂在腰上，当作一个腰舟，让自己浮游于江湖之中呢？"

在这个故事里中，惠子看到葫芦想到的只是常规用法，庄子却能凭借他的想象力，开拓新的思路，相当于打造了自己的规则，自己的评价体系。很多人会认为，在腰上挂个葫芦四处浮游，这还是没用啊！然而，庄子与陶渊明一类的人物，他们求的是逍遥自在，是属于自己的状态。

只有树立起自己的标准，才能在失意或"躺平"的生活中，稳稳立住，活出自己的一方天地。现代人也是同样，既然选择了不同的生活方式，不妨放下那些世俗的衡量标准，避免内耗，用自身的标准去对抗外界的流言蜚语，达到内心的平和。

当然陶渊明的田园生活并不是一帆风顺的。他家里本就不富裕，不当官就失去了经济来源。他在庐山脚下种田养家糊口，但是他的种植技术并不是太好："种豆南山下，草盛豆苗稀。"豆苗还没有草多。田园生活并不仅仅是风花雪月，更有日复一日的暴晒、辛劳与各式各样的困境。

尽管陶渊明在当时也算得上名人，但是名声不能给他带来多少实际的好处，有时候也要面临全家吃不饱、穿不好的困境。他的一大爱好是喝酒，可是他就连买酒都捉襟见肘。家人们更是无法理解他的选择，儿女们与他话不投机，说不到

一起去。现实的无奈随处可见。

在《五柳先生传》中，我们看见他"短褐穿结，箪瓢屡空"。在《怨诗楚调示庞主簿邓治中》中，我们看见他"夏日长抱饥，寒夜无被眠"。在《乞食》中，我们听见他说："饥来驱我去，不知竟何之。行行至斯里，叩门拙言辞。"

生活上的困窘依然存在，但是在物资匮乏时，陶渊明依然没有失去生活的信心——这就是精神的力量。他把回家种地的快乐和困窘，如实地记录下来。他用自己的亲身经历告诉我们，无论是身在职场，还是归隐田园，并不全是美好，也要面临物质的考验，也有一地鸡毛，可是，这才是生活啊。陶渊明在官场几进几出，他所要逃避的，是污浊的官场，是乱世里的苟且，而不是生活本身。

他用自己的行动，向我们展示了一种诗意的人生态度和生活方式。

诗意是对生活的感受和理解，是对自然和人文的赞美和追求。它不是虚幻的概念，而是真实的感受。它不是空洞的言辞，而是有力的行动。它不是逃避现实，而是面对现实。它不是消极悲观，而是积极乐观。

诗意地栖居，是一种人生态度，也是一种生活方式。它要求我们在纷繁复杂的世界中，能够保持清醒和独立，不为外物所扰，不为利欲所累，不为形式所限。它要求我们在平凡简单的生活中，能够寻找和发现真正的美好，用心灵去感知生活中的点点滴滴，直至汇成幸福的海洋。

只要你愿意，每个人都可以拥有自己的桃花源，也可以像陶渊明一样，选择诗意地活着，不过分迎合外界的评价。要在简单的生活中，培养自己的兴趣和能力，要在自足的生活中，感受自己的价值和幸福，在失意人生中，寻找诗意。

第十三章
李靖

慢热型选手，
也能迎来自己的黄金时代

李靖

慢热型选手，也能迎来自己的黄金时代

慢热型选手的成名之路

提到李靖，你是不是会想到神话传说中哪吒的爹——托塔天王李靖？在我国神话传说中，李靖是著名的护法神，他手持宝塔和戟槊，威风凛凛，在凡间是陈塘关总兵，在天庭是正神。但你可能不知道，这个李靖，其实是佛教中的武财神"财宝天王"与唐代名将李靖结合演变而成。

（一）被哥哥耽误的将才

在历史上，李靖确有其人，而且可以称之为唐朝的一位名将，和汉朝霍去病、卫青等大将军比，也可以说是毫不逊色。可是，与这些大将军比起来，李靖成名算是非常晚的。在40多岁时，他还只是一个小官，在60岁时，才成为天下无敌的战神。既然李靖军事能力很强，为什么成名那么晚呢？

这就要从李靖早年的经历开始说起了。

李靖，字药师，出生于一个军事世家，他的舅舅韩擒虎是隋朝的名将。李靖在少年时，就显露出罕见的军事天赋。他曾与舅舅韩擒虎讨论兵法，并得到了舅舅的高度认可。隋朝名将杨素，也对李靖赏识万分，认为他具有宰相之材。他的哥哥李药王袭爵永康公，授上开府仪同三司。

年轻的李靖，有着远大的抱负和雄心壮志，想要大展身手，谋取功名富贵。可惜，在李靖30岁那年，他的哥哥李药王在征讨突厥之战中失利，几乎全军覆没，后来再也没有被启用，整个家族也被冷落。李靖的仕途，也因此受到严重影响。到了公元617年，李靖46岁了，还只是马邑郡丞。

当时正值隋末，天下大乱，李靖发现晋阳留守李渊（即唐高祖）有反叛之心，他找了一副枷锁，把自己锁起来，想要向隋炀帝告发李渊的叛乱。李靖这一举动实在是极不明智，没有表现出敏锐的政治眼光。因为，当时隋炀帝避乱于江左（今扬州），已经失去了掌控中原的能力。而李渊则是一方豪强，在晋阳拥有强大的军事力量。

后来，李靖没能成功告发李渊。不久，李渊攻克长安，建立李唐王朝。李靖沦为阶下囚，差点被砍头。幸亏他应对得当，加上秦王李世民的求情，才得以免死，并被召入秦王幕府。至此，李靖开始为唐王朝效力，他跟着李世民东征西战，也立下了不少功劳。

（二）来自高祖的赏识

李靖的才能，唐高祖李渊也看在眼里。公元620年，萧铣趁隋朝灭亡，唐朝新建尚未稳定，作乱一方。李靖奉命平定萧铣。由于种种原因，李靖没能完成唐高祖的命令。李靖的失败让唐高祖十分气愤，他怀疑李靖是故意背叛，于是暗中下令让当地的太守许绍将李靖处死。许绍觉得李靖是个英雄豪杰，加上他与李靖是旧相识，于是向唐高祖求情，希望能够饶恕李靖。李靖才得以幸免于难。

公元621年，李靖向李渊提出了打败萧铣的十条策略，得到了李渊的赞许。李渊让赵郡王李孝恭领兵东征，李靖作为他的长史，指挥军事。李靖用兵如神，三个月内就攻下了江陵，消灭了萧铣，因此被封为上柱国、永康县公。后来，李靖又被派去招抚岭南诸部，担任桂州总管，使岭南社会安定。接着，辅公祐在淮南起兵造反，李渊仍然派赵郡王李孝恭和李靖率军镇压。李靖再次立下战功，很快就平定了辅公祐的叛乱，因此被任命为扬州大都督府长史。李渊听到这些捷

报，非常高兴，对李靖赞誉有加，认为他超过了古代的韩信、白起、卫青、霍去病等名将。

（三）来自太宗的赞誉

公元626年，秦王李世民在玄武门之变中杀死了太子李建成，控制了唐高祖李渊，成为唐朝的实际统治者。3个月后，他登基称帝，成为我们所说的唐太宗。不过，因为李建成的部下罗艺等人放弃了抗击突厥的任务，导致突厥军队直逼长安。一时间，渭水之畔马蹄如飞，朝野惊慌，京城紧急戒备。李世民无奈之下，只好采纳李靖的意见，用疑兵之计，空出宫库，以金银财宝换取和平，与突厥首领颉利缔结盟约，这就是"渭水之盟"。同年，李靖被提拔为刑部尚书，封赐四百户。

唐太宗李世民是一个具有雄才大略的皇帝，"渭水之盟"让他深以为耻。贞观三年，唐太宗抓住时机，任命李靖担任定襄道行军总管，带兵10万讨伐东突厥。在这场战役中，李靖表现出了极高的指挥水平和智慧。他不仅善于运用兵法和谋略，在作战中灵活变通，而且敢于冒险和创新，在关键时刻果断出击。他能够根据敌情和地形制定合理的作战计划，并结合实际情况及时调整作战方案。通过这场战役，李靖赢得了唐太宗和全国百姓的赞誉和尊敬。

（四）战神的智慧

但这并不是李靖战神之路的终点。在灭亡东突厥之后，唐太宗又派李靖带兵攻打高昌、吐谷浑等敌对势力。李靖尽管年龄越来越大，但也算老当益壮，在这几场战役中均大获全胜，也因此被一再加封。

难能可贵的是，李靖并没有因为军功赫赫而骄傲自满。他懂得藏锋，也知道分寸，在功成名就之后，他选择逐渐隐退。

李靖在唐王朝的诸位将领中，起步算是比较晚的。但是，自从开始带兵打仗，他征战无数，鲜有败绩。他不仅是一个英勇善战的将领，还是一个有智慧、有谋略的统帅。他善于用兵，变化无穷，出奇制胜。他也善于用人，广纳贤才，团结部下。

回看李靖的一生，早年初露锋芒，但是时运不济；中年政治眼光不够敏锐，险些犯了大错；四五十岁，在仕途上才算重新开始，后来逐渐步入正轨。可以说，李靖是一个慢热型选手，也是一个大器晚成的人。他用自己的努力和才华，证明了自己的价值和地位，并且创造了自己的辉煌和传奇。

历史上大器晚成的名人们

（一）历经磨难的塞万提斯

塞万提斯的《堂吉诃德》是西班牙最经典的文学名著之一。

塞万提斯的人生也非常精彩，他数次与死神擦肩而过，也曾陷入经济危机，还下过大狱。在服兵役的时候，他的左手受到枪击，彻底废掉了。之后他又被海盗掠走，度过了长达五年的奴隶生活。

单纯靠写作，难以让塞万提斯维持生计。在成名之前，他一直为海军当采购员和收税员，靠着微薄的收入生活。1605年，年近60岁的塞万提斯完成了《堂吉诃德》上卷，引起了巨大轰动，可惜的是在《堂吉诃德》下卷完成没多久，塞万提斯就因水肿病去世。

如今塞万提斯已经成为西班牙文学的重要代表人物。为了表彰塞万提斯在文学领域的贡献，西班牙文化部专门设立了塞万提斯文学奖。

塞万提斯的成名源于他对创作的热爱。虽然他历经磨难，但是对于他而言，这些恰恰是不可多得的创作素材。身处逆境而达观，懂得趋利避害，即便是大器晚成，也可以在后世闪耀永恒的光芒。

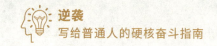

（二）艺术的成名与年龄无关

1.永不言弃的塞尚

法国后印象派画家塞尚的成名之路可谓异常艰难。

塞尚家境富裕，青年时期他前往巴黎学习艺术，也希望能够用艺术画作来养活自己。然而，巴黎这座艺术都市中不乏有才华的人，塞尚这个年轻人想要出人头地谈何容易。他自认为很好的画作在这里一文不值。为此，他毁掉了自己的画作，绝望之下甚至差点儿放弃艺术这条路。

在巴黎，艺术家数不胜数，塞尚的画作被他们任意批评。但是塞尚还是坚持了下来，认为总有自己的出头之日。可惜，这一天来得太迟了。

直到1895年，塞尚才举办了人生中的首次画展。这一年，塞尚已经56岁了。20世纪初，持之以恒的塞尚寻找到了适合自己的油画风格，开创了后印象派，也创作出了《头骨金字塔》《三浴女》等惊世之作。

1906年，塞尚与世长辞，享年67岁，成名不过才短短十年。但是，塞尚的坚持也让他的创作手法在后世得以绽放异彩，对野兽派的马蒂斯和西班牙画家毕加索都产生了很大的影响。

2.摩西奶奶

大器晚成的现象在艺术领域很常见，关键在于是否能够始终坚持信念，专注于创作。美国的画家摩西奶奶在随笔作品《人生永远没有太晚的开始》中提到，任何人、任何年龄都可以作画。摩西奶奶是享誉世界的风俗画画家，她是出生于美国农村的一个普通妇人，繁重的农活和十个孩子占据了她的大半人生。她擅长刺绣，热爱生活，由于常年劳作，在76岁的时候患上了严重的关节炎，这才放弃了刺绣转向绘画。摩西奶奶80岁的时候，在纽约举办了个人画展，引起了巨大的轰动。她的作品朴实无华，又充满了感染力，很快成为艺术市场的"香饽饽"，一幅画作就能够卖到上百万美元。在她百岁寿诞的时候，纽约州将她的生日命名为"摩西奶奶日"。即便年逾百岁，摩西奶奶仍在创作画作。一年后，摩西奶奶在纽约逝世，享年101岁。

从塞尚到摩西奶奶，他们的故事告诉我们：艺术家的成名与年龄无关。他们心中充满热爱，不因为他人的否定而放弃自己的热爱，始终相信满腔的才情必将惊艳整个世界。

（三）值得等待的财富盛宴

慢热型的选手在商场中的成功秘诀只能用一个字来概括：等。

1. 汉堡帝国创始人

雷蒙·克罗克出生于一个美国普通家庭中，早年家境困难，他的主要谋生手段就是销售，从纸杯到奶昔机，他都卖过，勉强能够维持生计。有一次，在前往加州拜访客户的时候，他看到一对兄弟的汉堡店采用了一种非常先进的生产方式。克罗克坚信，汉堡店的这种运作模式必定能够赚大钱。时年52岁的克罗克积极加入这对兄弟的汉堡店中来，更是在1961年果断买断了整个生意，成为汉堡店唯一的法人。此后20年里，他的汉堡店越做越大，终于成了全美国最成功的快餐店。他的店面甚至蔓延到了全球各地，那就是麦当劳。

克罗克于1984年去世，回忆自己的财富积累经历，他说："我一夜暴富，但是为了那一夜，我足足等了30年，真的是漫长的一夜啊。"

2. 从马老师到马老板

提到富有，很多人必定会想到阿里巴巴的创始人马云。但是马云的财富积累之路也是充满曲折的。他高考两次落榜，直到第三次才考上了大学。毕业后，他成为一名英语教师。1995年，31岁的马云接触到了互联网。这一年，他辞去了教师这一职务。当时他全身上下只有六千多块钱，只好跟亲戚借了一万多，开启了创业之旅。

马云创业的方向当然是互联网。他先是创办了中国黄页，但是不幸的是，杭州电信也搞了一个中国黄页。不出意外，马云的中国黄页被兼并掉了，第一次创

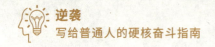

业以失败告终。

马云有耐心，他愿意等。来到北京后，他先去搜狐面试，结果败给了古永锵。1999年，已经35岁的马云带着17个人回到杭州再次创业，成立了阿里巴巴。

不出意外，这次他成功了。仅用了8年时间，阿里巴巴就在香港上市，这一年，马云已经43岁了。

有人说，男人在30岁之前不能成功，那注定会一辈子平庸。马云不相信这些。财富不会有年龄歧视，只要愿意等，懂得把握好时机，自然就会离财富越来越近。

3.任正道远，注定非凡

华为能够取得今天的成就，任正非功不可没。1944年，任正非出生于贵州的贫苦家庭中，尽管生活艰苦，父母依旧坚持让他读书。任正非进入大学后，自学了计算机、自动控制等专业课程，还掌握了三门外语。后来任正非入伍，成了一名建筑兵。在部队里，任正非磨炼了自己的意志。转业后，他来到深圳一家单位工作。43岁的时候，由于工作不顺利，他决定自主创业。创立华为的时候，他所有的资金只有两万块钱。任正非明白，想要赚大钱，必定先从赚小钱开始。最初的华为是一家代理公司，通过代理香港的程控交换机获得了第一桶金。有了足够的资金后，任正非决定大干一场，开始走自主研发的道路。在任正非的领导下，华为公司的发展势如破竹，成为国家品牌的标杆企业。

4.厚积薄发宗庆后

娃哈哈的创始人宗庆后坐拥数十亿的财富，他的创业经历也堪称传奇。他只有初中学历，为了谋生，他去过农场、茶场打工，又接替了母亲的职位开始上班。后来，宗庆后又做过业务员、销售管理等，积累了丰富的市场经验。直到44岁时，宗庆后才决定创业，创建了杭州娃哈哈营养食品厂，之后又一步一步缔造了庞大的娃哈哈帝国。

人人都渴望财富，但是往往缺乏耐心，只能获得蝇头小利。更大的财富在远方，只有少数人能够沉下心来慢慢向财富靠拢，最终实现财富自由。

（四）生活窘迫的女作家

《哈利·波特》陪伴了许多人的成长，《哈利·波特》的创作者J.K.罗琳也凭借着这部魔幻文学作品享誉世界。根据英国媒体的估算，如果按照15%版税的行规，《哈利·波特》的作者J.K.罗琳20年来赚了近12亿美元的版税收入，也就是说，罗琳平均每分钟就有180美元的进账。2017年，罗琳以9 500万美元的收入登上了福布斯全球收入最高作家榜榜首。

现在的罗琳是殿堂级的作家，但是成名之前的罗琳过着窘迫的生活。她的童年是不幸的，父母重男轻女，对她几乎没有什么关爱。成年后，步入婚姻生活的罗琳依旧不幸福，绝望的婚姻关系让罗琳毅然决定离婚，她带走了女儿，母女二人租住在毛坯房里，靠着每周10美元的救济金生活。她曾一度想自杀，但是她舍不得丢下可怜的女儿。她用写作来缓解情绪，《哈利·波特》就是在这样的背景下诞生的。直到一个编剧发现了这部杰作，罗琳终于迎来了她的新生活。

1997年，罗琳凭借着《哈利·波特与魔法石》成名，一跃成为全英国最炙手可热的女作家。这一年，她已经32岁了。随后三年，她又相继完成了《哈利·波特与密室》和《哈利·波特与阿兹卡班的囚徒》。靠着才学，罗琳彻底摆脱了穷困潦倒的日子。时至今日，她创作的《哈利·波特》系列小说依旧风靡，影响了一代又一代的青少年。

罗琳从小就有一个文学梦，大学时代也选修了很多文学课程。但是梦想遇到柴米油盐的时候，往往变得不堪一击。很多人怀揣梦想，想要大展宏图，但是在被残酷的现实所蹂躏后，梦想也就不翼而飞了。不认命，始终坚持，即便身处绝境也能够借助梦想的力量坚持下去，这才成就了大器晚成的罗琳。

（五）星星之路多磨难

娱乐圈中，不乏大器晚成的艺人。

1.《低俗小说》里的男人

美国的塞缪尔·L.杰克逊，年轻时出道成为一名演员，前前后后参演了多部影视作品，却一直没有什么名气。直到1994年，他主演了电影《低俗小说》之后，才终于赢得了观众的青睐。此时的杰克逊已经46岁了，从当初的青涩小伙变成了成熟的大叔，但是这丝毫不影响观众对他的喜爱。

2.美国脱口秀女王

美国脱口秀女王奥普拉在成名之前是一个名不见经传的新闻主播，由于她本人比较情绪化而被电视台解雇。但是奥普拉并没有改掉自己过度情绪化的问题，在她看来，这并不是问题。幸运的是，她的这一特点被丹尼斯发现。1983年，他以23万美元的年薪聘请奥普拉参加一档脱口秀节目。奥普拉凭借着出色的表现击败了竞争对手菲尔·多纳赫，由此开启了自己的脱口秀之路。

32岁的时候，奥普拉脱口秀开播，这让她一夜成名，后来她相继获得奥斯卡金像奖"最佳女配角奖"和金球奖"终身成就奖"。

如果没有坚持自己的个性，奥普拉或许会在那个小电视台干到退休，泯然众人。但是奥普拉坚守自己的特色，在新闻领域碰壁后却开启了脱口秀的大门。

3.老戏骨养成记

在娱乐圈，刘奕君绝对算得上是大器晚成的代表。1970年，刘奕君出生于陕西西安。由于家住西安电影厂附近，他从小就接触了很多影视前辈，立志要成为一名演员。1987年，刘奕君顺利考入北京电影学院，与张子健、张嘉译成为同学。毕业后，刘奕君并没有多少戏可拍，一来长相不显眼，二来没有什么资源和人脉，但是刘奕君没有放弃，他坚守着他的演员梦，甘愿从跑龙套做起。直到1999年，他遇到了他人生中的贵人——孔笙导演，参演了《浪漫之旅》《百集聊斋之人鬼情缘》等电视剧，但没有激起什么水花。直到2008年，刘奕君再度与孔笙合作，出演电视剧《绝密押运》。这部剧获得飞天奖，但他在里面只是一个配角。刘奕君不断磨炼自己的演技，终于在2015年，《琅琊榜》中老谋深算的谢侯爷与《伪装者》中的麻辣教官王天风等角色让刘奕君爆红。

刘奕君真正圆了儿时的明星梦，为大众所熟知，并被人称赞为老戏骨，这一年，刘奕君已经45岁了。

在娱乐圈，很多人都有明星梦。天上的星星多么闪耀，可是又有谁知道，星星的光芒来自激烈的热核反应。想要耀眼夺目，就必须要燃烧自己，在烈火中历练。

（六）耐得住寂寞的智者们

1.姜太公与重耳

要说大器晚成，姜子牙可谓是千古第一人。

姜子牙在年轻的时候默默无闻，一直到70多岁的时候才遇到了周文王。没错，就是姜太公钓鱼——愿者上钩的那一年。姜子牙已到古稀之年，在大部分人看来，这个岁数颐养天年是最要紧的。但是姜子牙有理想，有抱负，遇到周文王这个"伯乐"，一身的才华也有了用武之地。后来，他位居国师，辅佐周文王和周武王两代君主，伐纣兴周，奠定周天下的根基。

到了春秋时代，晋献公之子重耳由于政权之争被迫流亡19年。在流亡的日子里，重耳尝遍了人世间的酸甜苦辣。后来，在秦国的援助下，重耳回国继承王位，史称晋文公，那年重耳已经60多岁了。他并没有在垂暮之年享乐，而是励精图治，治理国家，甚至还率兵救宋。最终凭借着卓越的才能，晋文公成为春秋时代的第二位霸主。

2."宅男"康德

康德说："生得伟大者，笑对无常。"

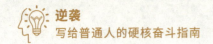

正是有了这样的好心态，才让康德这位震古烁今的大哲学家有晚成之日。很多人对康德的认知停留在他是德国人、大哲学家，其余的就知之甚少了。

其实，康德的成名之路可谓曲折丛生。他是一个典型的"宅男"，大半生都居住在德国的一个小镇中，只离开过家乡两次。康德很少串门，平日里除了看书就是写书，也不谈恋爱，终身未婚。

康德做过15年的编外讲师，直到46岁才获得正教授一职，57岁才完成了哲学论著《纯粹理性批判》。

耐得住寂寞，才能守得云开见月明。正是"宅男"的品质让康德有了更多的时间去思考、去创作，也就为后来的成名奠定了基础。

3.黑格尔的"死对头"叔本华

黑格尔和叔本华是"死对头"，他们同在柏林大学任教。当时黑格尔的名气要远大于叔本华，所以叔本华的课程无人问津，致使他放弃了教师一职。1826年，叔本华第二次在柏林大学授课，学生们还是不买他的账。1831年，柏林爆发霍乱，叔本华离开了此地，而黑格尔却死于霍乱。1844年，叔本华的作品《作为意志和表象的世界》第二版发行，没有掀起任何波澜。1851年，他又出版了《附录与补遗》，获得了空前的成功。叔本华终于被世人所认可，此时他已经是个60多岁的老头儿了。1859年，《作为意志和表象的世界》第三版发行并引起轰动，叔本华在序言中这样写道："谁要是走了一整天，傍晚走到了，那也该满足了。"

从李靖到奥普拉、刘奕君、叔本华等，这些慢热型选手们最终都迎来了属于自己的黄金时代。他们的故事也告诉我们：在人生旅途上，在职场上，只要你有一身本领，大器晚成又如何？只要你不断向前，总能实现自己心中的理想，别管是早还是晚！只要不断积累，你也能成为那个厚积薄发的奇迹！只要有耐心，持之以恒，持续发力，慢热型选手也能迎来属于自己的黄金时代！

第十四章

魏徵

在职场上，
如何给领导提意见

魏徵
在职场上，如何给领导提意见

在职场上给领导提意见是一门艺术，常常是风险与机遇并存。提得好，可以显示出自己的能力和价值，赢得领导的信任和赞赏；提得不好，可能会引起领导的反感和怀疑，甚至影响自己的前途和发展。那么，在职场上，该如何给领导提意见呢？我们不妨从历史中寻找一些启示。

在历史上有位著名的谏臣——魏徵，他特别擅长给领导提意见，而且凭借着给领导提意见，从一个敌对阵营的罪人，成为领导离不开的得力干将。魏徵可以说是中国历史上最成功的谏臣之一。魏徵以直言进谏、辅佐唐太宗共同创建"贞观之治"的大业而著称于史。根据记载，他曾先后向太宗陈谏200多事，劝诫太宗以历史的教训为鉴，励精图治，任贤纳谏，本着清静无为、仁义的理念行事。

那么，他都是如何给李世民提意见的呢？对职场中的我们有什么借鉴意义呢？

保持责任感，不执着个人私利

魏徵给李世民提意见，并不是为了自己的私利而去捧场、奉承，而是出于对国家的忠诚和责任感。他不畏惧权势利益，不隐瞒真相问题，不迎合情绪偏见，以国家为重，以民生安危为念。

魏徵的忠诚和责任感，可以说是一直存在的。他在哪个阵营，就死心塌地为哪个阵营服务。比如，魏徵曾经跟随前太子李建成，那个时候他就曾经多次建议李建成除掉李世民。李世民即位后，并没有因此而怨恨惩罚魏徵。相反，正因为魏徵的忠诚和责任感，让李世民对他格外欣赏，并让他担任秘书监、侍中等重要职务。魏徵也没有因此就改变自己的立场或态度，而是始终坚持直言进谏。每当李世民迷惑时、偏离航道时、想放飞自我时，他就及时进谏，像悬在李世民头上的剑一样，时刻警醒着李世民。

贞观六年，官员们都劝李世民登泰山封禅。登泰山封禅对于帝王来说是一件盛事，通过祭天地，向天地表明自己的功绩。李世民原本也不想封禅，可是架不住底下官员一个劲儿地上奏，于是也动了封禅的念头。这时候，魏徵却站出来反对，他指出这是一个非常耗费人力物力、浪费国家财富的行为，并强调，人口还没有恢复，国力还不够强大，粮仓里的粮食还没满，四方部落作乱之心还没有断绝，现在封禅不太合适。李世民听从了魏徵的建议，暂时取消了封禅之行。

这种忠诚和责任感，在当代职场中也非常重要。我们也应该把公司或组织的利益放在第一位，并对自己所从事的工作有一种使命感和荣誉感。要敢于向领导反映真实情况，并提出合理的建议或解决方案。这样，领导也会看到我们的立场，明白我们提意见不是出于私心，而是出于对公司的忠诚和责任感。

现代社会，"人为财死，鸟为食亡"的思想大行其道，好像"责任感""忠诚""集体利益"和"坚守"这样的词汇已经被判为迂腐和落伍，甚至遭到耻笑和谴责。

但是，作为公司的员工，具有责任感和忠诚的意识，自觉维护公司利益，依然是最基本的职业道德，不执着于眼前的蝇头小利，追求更大的共同利益，最终才会获得更大的收益和成就。

一家外资企业招聘1名技术人员，月工资5 000元，应聘者蜂拥而至。

小魏是一家企业的技术人员，因单位效益不好被裁员了，他也参加了这次应聘。面对考题他并不担心，外文、专业技术类考题答得十分圆满。唯有第二张考卷的两道题令他头疼："您所在的企业或者曾任职的企业经营成功的诀窍是什么？技术秘密是什么？"

这两道题并不难，可他手中的笔始终高悬着，迟迟落不下去。多年的职业道德在约束他：厂里的数百名职工还在惨淡经营，我怎能为了自己的饭碗而砸大家的饭碗呢？

他毅然挥笔在考卷上写下4个大字："无可奉告！"

就这样，小魏结束了应聘。

正当小魏连日奔波，另谋职业之际，突然那家外资企业发来了录用通知。

录用通知上清楚地写着："恭喜你，你被录用了，因你的能力与才干，还有我们最需要的——维护公司利益。"

公司利益高于个人利益，因为它还包含其他员工的利益、公司更加长远的利益，而不仅仅是老板的利益。

一个真正有大局观的人都不会只顾眼前，他们会放弃蝇头小利，站在更高的角度看问题。一个人的专业才能重要，但是他的职业道德和眼界更加重要。自觉维护公司利益，才能与公司共同发展。只有公司的利益得到了保障，个人利益才有可能得到相应的保障。

所以我们在给领导提意见时，要站在公司的角度，将公司的利益放在第一位，一切都是为了公司更好更长远的发展，让领导体会到我们对公司的忠诚以及对岗位的责任感，这样提出的意见才更容易被采纳。

明确自身定位，在合作中双赢

魏徵擅长说服领导，让领导明白，自己直言进谏，是真的为了领导好。他说，能听进别人的建议，能广开言路的就是明君，而偏听偏信的就是昏君。他又说，良臣能让君主赢得明君的称号，自己也获益，是与领导达到双赢局面的臣子；而忠臣，有时只顾自己的名声，却用对君主好的名义，让君主背负着昏君的恶名。所以，他恳请李世民能让他成为良臣。

魏徵这样的言论，正是明确提出对君臣各自身份的定位，表达出对上下级身份的看法。他明白自己的定位，并让领导清楚自己的定位：两人虽然是君臣关系，但在面对具体事务时，双方也是合作关系，要在合作中谋求双赢。

在职场中，我们也可以借鉴这样的身份定位，跟领导达成合作关系，自觉改变思维意识，重新确立自身身份，改变对领导固有的看法，在做任何行动时，成为真正为领导和公司着想的人。

有的人只顾自己的眼前工作，只求将自己的本职工作做好，全然不顾公司的发展，也不关心与其他部门怎样更好地达成合作，好像自己将工作做到最好，就解决了公司的一切问题。但是，当一个棘手的难题抛给他时，他却没有办法解决，当公司需要他提出意见时，他也提供不了方案。这样的所谓"忠臣"式的员工，能有多大的发展呢？

他们就如同坐在课桌前的学生一样，抱着一成不变、直率天真的学生思维，解决着一道道难题，即使想跟领导提出意见，也完全是从自身的角度出发，专注于解决自身的难题，好像领导是在为员工服务，这样的意见怎么可能被采纳呢？

我们要想为领导提出建设性的意见，首先应该抓住领导的心理和需求，让领导感觉到我们是真心实意地为他好、为公司好。但这是一个技术活，需要拿捏好分寸，要考虑很多变动的因素，要充分考虑公司的境况，但是大方向是要与领导站在同一条战线上，与领导成为亲密的合作者，大家是为了共同的方向、共同的目标，在做共同的努力。

这就需要我们处处留心公司的战略是什么，其他部门的业务怎么发展，然后在脑子里创建一个架构图，里面包括公司要什么，老板要什么，其他部门在做什么，跟自己的关系是什么。

对一些人来说，这样太累了，只管好自己的"一亩三分地"就已经很不容易了，但是只有理解了整个公司的愿景和方向，才能真正地把自己那"一亩三分地"做好。

如果我们对公司的发展方向、领导的目标漠不关心，我们就不可能顺应公司的愿景来安排自己的工作，只能机械地执行任务。当看似事不关己的任务被安排给自己之后，自己也会带着满心疑惑，茫然执行，甚至还心生抱怨。这样是跟领导达不成合作关系的，即使提出自己的意见，也只落得个眼界狭隘的评价，怎么会得到领导的赏识呢？

让自己成为老板的合作者，做一个真正的有共同目标的"谏臣"。

掌握语言技巧，根据场合开口

魏徵在进言时，非常讲究语言技巧和场合。他不会一味地反对或否定李世民，而是在肯定其优点和成就的基础上，提出改进建议，并运用比喻或者引经据典等方式增加说服力。魏徵还会根据李世民的性格和喜好，来调整自己的语气和方式。有的时候，魏徵不直接进谏，而是通过一些刻意的行为，指出领导的问题所在。有一次，李世民正饶有兴趣地逗弄一只漂亮的鹞鸟，一看魏徵进来了，他怕魏徵说自己玩物丧志，赶紧把鸟藏在了衣服里。魏徵为了劝谏李世民不要沉迷于游乐，在向李世民汇报工作时，故意拖延时间，估摸着鸟快要闷死了才走。李世民虽然很生气，却不能发作，还得谨记以后不再玩物丧志。这也是进谏的艺术。

在现代职场上，不是所有领导都像李世民这样，所以在提意见时，我们需要根据不同的情况采取不同的策略。那么，我们需要了解哪些因素，掌握哪些技巧呢？

1.尊重领导的策略

我们在提出意见时，不论是什么样的说辞，全程都要做到尊重领导。

首先，认同、赞扬领导的策略。这样可以让他对你放下防备心，产生信任。社会心理学家认为，信任是人际沟通的"过滤器"。只有对方信任你，才有可能理智地分析你的意见和建议。

小张是一家公司的广告设计师，业务水平很高。有一次，公司接了一家客户的广告，这一单业务小张的领导很熟悉，所以就亲自设计了广告方案。小张认为领导的设计不好，就把自己的设计方案拿了出来，并说明自己方案的种种好处。

领导说自己深知那家公司所经营业务的特色，所以才亲自设计，有自己的一些见解，然而小张一味夸赞和推荐自己的设计方案。领导当然不能接受，但小张依然在他耳边喋喋不休，他终于不耐烦，就借故出去了。事后，小张在公司里经常有意无意地说领导不听取员工意见，甚至还夹带其他坏话，领导终于忍无可忍，把她开除了。

不认同领导的策略，领导得不到应有的尊重，领导接受意见的过程当然就会出现阻碍。

但具体应该怎么做呢？可以用请教的姿态，聆听领导在这方面的想法，并抱着学习的心态，不时对这些想法加以肯定。

其次，跟领导同一队伍。也就是说，要在说出建议内容之前有一个表态。

怎么表态呢？

就是在前一步认可的基础上，讲一讲认可的那些东西对自己的启发和教育作用，进一步指出自己的想法都是在领导的启发下形成的。

这个表态非常重要，它表明了自己不是站在领导的对立面，而是和领导站在同一个队伍里，是受了领导的启发才有所建议的。

这样，就可以委婉地把自己的意见讲出来了。

表态的目的只有一个，就是减少抵触情绪、冲突和敌意，使自己的建议真正被领导所考虑、所采纳。

2. 了解领导的个性

一定要分清，领导是一个什么样的人。正所谓"知己知彼，百战不殆"，只有分清领导的性格脾气，做到因人而异、有的放矢，自己的建议才更有可能被领导采纳。

比如性格开朗、思想比较开放的领导，更容易接受别人的意见。

3. 选对场合与时机

一是选对场合。最好是私下单独汇报，能给领导一个思考、缓冲的空间。当场提出建议，当场就需要领导回答，会让领导很被动。不到万不得已，不要在公开场合提建议。领导需要维护自身的权威，这是管理的需要，所以不要去冒犯。

二是选对时机。还没开始干活就提建议，往往给人一种"你是在推三阻四，推诿不作为"的印象；如果遇到自己一个人不能解决的问题，而不去向领导提建议，就会耽误整个工作进程，酿成大错。

提意见的最佳时间就是在领导做决定之前，当然这个需要你有一定的判断能力。在这个时候提意见，不会让人觉得你是在反对他。

还可以趁领导情绪状态好的时候提建议，建议被采纳的可能性就很大。如果他认可你的建议，那当然最好；如果不认可，也还有回旋商量的余地。

总之，要以大局为重。

意见不只是态度，方案翔实才可靠

让领导看到我们的意见或建议时，还要让领导看到具体的方案，说明这样做能够带来什么样的好处或价值，以及可行性，这样领导才有可能从心底接受我们的意见。

美国鞋业大王罗宾·维勒的事业刚刚起步时，为了在短时间内取得最好的效果，他组织了一个研究班子，制作了几种款式新颖的鞋子投放市场，结果订单纷至沓来，以致工厂生产忙不过来。

为了解决这个问题，工厂想办法招聘了一批生产鞋子的技工，但还是远远不能解决工厂生产忙不过来的问题。如果鞋子不能按期生产出来，工厂就不得不给客户一大笔钱作为赔偿。于是，罗宾·维勒召集大家开会研究对策，主管们讲了很多办法，但都行不通。这时候，一位年轻的小工举手要求发言。

"我认为，我们的根本问题不是要找更多的技工，其实不用这些技工也能解决问题。"

"为什么？"罗宾·维勒问道。

"因为真正的问题是提高生产量，增加技工只是手段之一。"大多数人觉得他的话不着边际，但罗宾·维勒很重视，鼓励他讲下去。

他提出："我们可以用机器来做鞋。"

这在当时可是从来没有过的事，小工的话立即引起大家的哄堂大笑："用什么机器做鞋呀，你能制作出这样的机器吗？"

小工面红耳赤地坐下了，但他的话触动了罗宾·维勒。罗宾·维勒说："这位小兄弟指出了我们的思维盲区，我们一直认为解决问题的方法是招更多的技工，

但这位小兄弟让我们明白,真正的问题是提高效率。尽管他不会制造机器,但他的思路很重要。因此,我要奖励他 500 美元。"

于是,罗宾·维勒根据小工提出的思路,立即组织专家研究生产鞋子的机器。4 个月后,机器生产出来了。从此,世界进入了机器生产鞋子的时代,罗宾·维勒也由此成为美国著名的鞋业大王。

提出意见让领导改正只是表明自己的判断,但是后续的可持续的方案由谁来解决?让领导自己解决吗?这样提意见实在有点儿草率。只有提供具体可操作的建议,才能让领导信服,也更容易让领导接受,自己也能脱颖而出。

总的来说,在职场上给领导提意见,并不是一件容易的事。但是,如果我们能像魏徵一样,在保持责任感、寻求合作共赢、选择合适的语言和场合这三个方面做细做稳,我们就有可能在职场上与领导相处融洽,向领导展现出自己的能力和价值,在职业道路上走向辉煌。

第十五章

武则天

低谷期，抱怨是最徒劳的事情

武则天

低谷期，抱怨是最徒劳的事情

扫一扫
听音频

都说人生不如意十之八九，相信很多人，都遇到过不同程度的低谷期。人在低谷期，情绪消沉、怨天尤人，是很正常的事情。在生活中，我们也会听到很多抱怨的声音：有人抱怨付出多收获少，有人抱怨命运不公，有人抱怨孩子不听话难教育，有人抱怨家人对自己不好……可是，抱怨从来都不能解决问题，反而会让自己更加消极沮丧，让身边的家人、朋友离自己越来越远。

比如鲁迅的作品《祝福》中，祥林嫂一生凄惨，丈夫病死，儿子被狼吃掉，命运待她如此不公，她不断絮叨着"我真傻，真的"，渐渐地人们不再同情她。《祝福》抨击的是"吃人"的社会，而祥林嫂在后世则成了这样一个爱抱怨的形象，仿佛她受到的苦难都被弱化了。

央视名嘴白岩松曾经说过："与其抱怨，不如改变；想要改变，开始行动。"

在低谷期，抱怨是最徒劳的事情，自己强大，才是硬道理。中国历史上唯一的女皇帝武则天，就是这一道理的完美体现。

武则天的一生，可以说是波澜壮阔。武则天14岁入宫，最初是唐太宗的才人，后来成为唐高宗的皇后，最终成为武周的君主。作为历史上唯一一个女皇帝，她自身的能力相当出色，她的才智、魄力、手段、成就，都令后人叹为观止。她用智慧和手段掌控了朝政，改革了制度，开拓了疆土，创造了辉煌。但是，她的人生并不是一帆风顺的。在云谲波诡的朝堂上，身为女性的她天生就处于劣势，甚至还不如草根出身的小人物。因此，她当然经历过低谷期，面对过困难和挫折。

在那些时候，她是如何应对的呢？她有没有抱怨过命运的不公？她又是如何走出低谷，重新崛起的呢？

想尽办法，为自己创造一线生机

14岁那年，家道中落的武则天由于貌美动人，被唐太宗李世民选进宫，封为五品才人，赐她"媚"这个称号。于是，大家都叫她"武媚娘"。媚娘虽媚，但是年仅14岁的她和年迈的唐太宗，并没有碰撞出什么火花，更别提得到唐太宗的宠爱了。

既然没有火花，那就看看能不能制造出火花。

有一回，唐太宗收到了一匹特别凶猛的马，谁都不敢上去骑。武则天站出来说她能搞定这匹马，并向李世民要了三样东西：一根铁鞭、一个铁锤和一把匕首。然后，她就拿着这些东西，上去对付那匹马，结果真的驯服了那匹马。

李世民行军打仗，经验丰富，见过很多厉害的人，可他还是被这个小女孩儿的胆量和力量震慑到了。但武则天并未得到李世民的宠爱，她做了多年的才人，地位始终没有得到提高。也许这就是命运吧，有心栽花花不开，无心插柳柳成荫。武则天想要博取李世民的欢心没成功，但为她以后几十年的成就，埋下了伏笔。毕竟，武则天要是在此时获得恩宠，就不可能再成为唐高宗的皇后了。

当然，武则天不可能知道事情的后续走向，她只是在前途渺茫时，想尽办法为自己创造一线生机。这武才人，一当就是12年。在此期间，武则天没有自暴自弃，没有怨天尤人，她利用侍奉的机会，跟李世民学诗书礼仪，学政治。

她敢于冲破藩篱，不断提升自己。她在蛰伏，在等待机会。

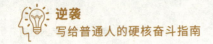

当命运走向不好时，为自己制造机会

在唐太宗驾崩后，武则天作为没有子嗣的嫔妃之一，被迫到感业寺当尼姑。剃度时，别的嫔妃都哭得稀里哗啦，只有武则天镇定自若，她小声说了句："发落复生，首级不会。"这八个字，让给她剃度的尼姑认为她并非普通人，以后定成大器，允许她带发修行。

作为先皇的嫔妃，武则天在感业寺吃斋念佛的日子并不好过。当别人还在抱怨命运的不公时，武则天想的是，如何走出感业寺。她不想在这个地方待一辈子。思来想去，能帮她的必须是非常有权势的人，最合适的人选，就是当今圣上李治。原来，太宗病重时，太子李治在侍奉期间与武则天相识，两人暗生情愫。由于两人身份的限制，这份感情被压制在彼此心中，并没有轰轰烈烈地展开。

面对命运的漩涡，武则天从不认输。

她为自身寻找机会时，确实利用了她的女性特质，以致后世在反对武则天时，多半会把她描述成一个靠帝王恩宠、魅惑君主上位的祸国妖女，但这显然是不客观的。她入宫时，李世民挚爱的长孙皇后刚去世不久，于情于理，李世民此时都不会太偏爱别的女人。何况跟武则天同期进宫的，还有更具竞争力的才女，人家的品级逐级攀升，武则天这个小姑娘却一直原地踏步。

这就导致武媚娘当时除了做自己才人的本职工作，就是侍奉皇帝，帮皇帝端茶送水，然而刚好就是这个端茶送水的机会，让武媚娘不仅有机会接触政治，还有了和太子李治搭线的机会。

或许在成为才人期间，武则天有意无意为自己制造着无数发展的可能，这才有了之后在感业寺的机会。

绝境中的武则天，写下这么一首诗，并想方设法送给了李治，诗里说：

看朱成碧思纷纷，憔悴支离为忆君。

不信比来长下泪，开箱验取石榴裙。

就是说，我把红色看成绿色，憔悴恍惚，全都是因为思念您，思念到时常流泪，您要是不信，就打开箱子瞧一瞧我石榴裙上点点的泪痕吧。

这说明武则天不仅不肯放弃，还懂得盘活身边一切资源，想方设法地改变自己所处的现状。

一般妃嫔认为出家后就是青灯古佛、了却残生的命运，可她从不这样认为。她始终抱着"留得青山在，不怕没柴烧"的希望，并试图通过李治摆脱命运的桎梏，从此步步为营。

武则天卖掉一些首饰，重金托人把这首诗带给当朝皇帝李治。这封信成功送到了李治手里，勾起了李治对往事的回忆。那个曾经与自己朝夕相对的武则天，还在感业寺受苦啊。当李治来寺中祭祀唐太宗时，武则天主动与他相见，并表达了自己的情意。加上当时的王皇后为了打击被李治专宠的萧淑妃，也想让武则天进宫。武则天抓住了这个机会，再次入宫。她凭借自己的美貌和才华，成功赢回了李治的宠爱，很快就成了昭仪，并且参与朝政——从正五品的才人到正二品的昭仪，连跳三级，这正是绝境中的凤凰涅槃。

在后宫之中，想要安稳度日，得有滔天的权势和机智灵活的头脑，甚至不择手段的狠辣才行，否则，一不小心，可能就会命丧黄泉。武则天深知，王皇后让自己入宫，并不是真的对自己好，也只是把自己当成制约萧淑妃的棋子。王皇后、萧淑妃，都不是善茬，与其坐以待毙，不如主动出击。武则天在与王皇后和萧淑妃争宠时，选择主动挑起事端，使得李治对萧淑妃失去信任，后来又借王皇后的手将萧淑妃赐死。

现在，武则天的竞争对手，就只有王皇后一个了。

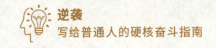

发挥既有优势，从细节着手

想要赢得宫斗，不仅要懂得利用机会，更要懂得发挥自己的既有优势。

武则天利用唐朝这个时期的特点，从家族逻辑出发，完成了自身的谋划。

王皇后身后有着庞大的关陇集团，关陇集团的成员包括李治的亲舅舅长孙无忌，势力非常庞大。李治本来就对关陇集团有所忌惮，前朝后宫都被他们垄断着，这可了得？而萧淑妃则是江南的齐梁皇室后裔，不属于一个集团。李治原本是想用萧淑妃来制衡王皇后，无奈，萧淑妃不太聪明，这时更好的选择出现在他面前，就是武则天。

史书评价武则天"政由己出，明察善断"，这八个字是典型的谋士特质。武则天也正是用这一特质，帮助了李治，同时，也帮助了自己。

武则天想取代王皇后，正好李治也有同样的想法。王皇后的家族让李治在政治上受到一定的钳制。李治想要通过废皇后，来摆脱受制的局面。武、李两人一起发力，最终，在永徽六年（655年），实现了"废王立武"。武则天利用李义府等人的支持，逼迫王皇后退位，自己取而代之。她还借机削弱了长孙无忌等元老大臣的势力，巩固了自己的地位。这一切看似是武则天的谋划，实际上也离不开李治的暗中支持。

帮助李治对抗关陇集团，也是武则天锻炼政治手腕的最好机会。在一定程度上武则天可以说是李治的"一把刀"，去执行李治不方便执行的事情。朝堂、后宫，她都可以有所作为，比如说跟关陇集团特别是长孙无忌的搏斗，很有可能就是李治授意的。当然，这也给了武则天极好的练手机会。

后宫里，武则天制衡王皇后的过程更是机关算尽，她的优势在于利用一切细节。

她经常把平时得到的赏赐都分给宫女们，这些宫女得到赏赐，心怀感恩，自然就对她更上心，一旦有什么事情，就给武则天通风报信。武则天从小人物出发，运用一切资源，建立了旁人注意不到或者不屑注意的情报网。这让她一次又一次地化险为夷，规避了许多风险。

在封建王朝，一般的贵族在笼络人脉时，时常因为身份地位的不同而采取不同的态度，踩低捧高，可是往往是那些不起眼的小人物决定了故事的走向。比如《三国演义》中，汉献帝为了铲除曹操，下衣带诏，原本谋划周全，结果就因为大臣家中的奴仆走漏了风声，导致曹操早就得知他们的谋划，事情败露。

这正是细节决定成败，小人物决定大命运。正如老子《道德经》中所说："天下难事必作于易，天下大事必作于细。"普通人处在低谷期时，更要细心观察，摆在明面上的机会和资源人人唾手可得，我们毫无优势，只有采取田忌赛马的策略，寻找旁人忽略的细节，才能出其不意，一招制胜。

面对质疑、困境，锻炼内心，不断向前

武则天在当上皇后以后，并没有止步于此。她仍然积极参与政治，为李治建言献策。她在政治上，给予了李治很大的帮助和支持，推行了很多有益的改革，李治也为有人替自己分担政务而欣慰。可是当武则天的权力逐渐增大时，李治也意识到自己的权力正在流失。俗话说："天无二日，国无二主。"一山难容二虎，哪怕是最亲密的夫妻，也会因为权力而产生裂隙。当时朝廷中，也有很多元老大臣反对武则天，想要限制她的影响力。武则天不畏惧他们的反对，而是利用自己的智慧和手段，扶植属于自己的势力，逐渐削弱元老大臣们的势力。就这样，李治尽管不满，也动不了武则天。

在永淳二年（683年）唐高宗病重后，武则天开始垂帘听政，并以皇后身份颁布诏令。唐高宗驾崩后，武则天作为唐中宗和唐睿宗的皇太后临朝称制，并且废黜了两个儿子，让自己成为实际上的最高统治者。

在天授元年（690年），武则天正式自立为帝，改国号为周。这是中国历史

上第一次，也是唯一一次由女性建立的王朝。至此，武则天终于登上了权力之巅。

武则天在位期间，对政治、经济、文化、军事、外交等方面都有很多贡献。殿试、武举等选拔人才的制度，就是她在位期间开创的。但是，她也犯了许多错误。比如，她大肆杀害唐朝宗室和忠臣、任用酷吏、豪奢专断、迷信方术等，这也为后来唐王朝社会的动荡不安埋下一定的隐患。

这些错误行径，其实也与她面对的质疑和否定有一定关系。

武则天在李唐王朝的基础上建立自己的武周天下，必定遭受压力。正因为这种强烈的反抗，武则天在成为皇帝之后，也采取了强硬的手段去压制反抗。其中最突出的就是重用酷吏和倚重告密制度。

武则天当政时期有一位酷吏叫作来俊臣，他为人奸诈邪恶、善于告密，成了武则天一把称手的"刀"。他行事非常严苛，只要有人不合他的心意，动辄被株连九族。当时他还编写了一本《告密罗织经》，专门用来罗织他人的罪行，来处置自己的对手。他的审讯方式也异常残酷，使得武则天时代，朝臣人人自危。更有许多将领，因为诬告或者连坐受到处分。将领数量的减少也导致武则天时代，帝国的疆域大幅缩小。

不仅如此，皇位上的武则天，也缺乏安全感。比如她一生最爱做的一件事就是换年号，有时候她一年就换几次，比如换成"天授"，是说这权力是天给我的，稍有为自己辩护的意思，再比如出现了祥瑞麒麟，那就换成"麟德"，而且麒麟中的"麟"正是雌性的那一只。

她用这些改变，来对抗否定，来摆脱困境。当别人说"我不行"时，我就不断地作为，好的坏的都有，总归是要做事情，向前走。

纵然武则天称帝后的举动有得有失，毁誉参半，但这些作为正体现了她强大的内心与行动力。强大的精神支柱，能使人们在低谷中避免抱怨，转而行动。或许我们可以像武则天一样，采取"三步走"的策略。

第一步，停止抱怨。

《鬼谷子》中提到"怨者，肠绝而无主也"。抱怨不能解决任何问题，它只会体现一个人面对低谷的无力。

第二步，远离负能量源头。

负能量源头可能是事，可能是人，也可能是当下的境遇。抽身来看，换个视野，才能避免内耗。

第三步，尽量精神独立。

抱怨无非是寻找感情的宣泄出口，然而在现实中，无论是亲人、爱人、朋友，都很可能对其他人的低谷无能为力，情绪与困境终究是要自己来处理的。如果精神不能够独立，那么在面对强大的负面情绪时，就更容易崩溃。反之，精神独立，可以让人的内心强大起来，能够与低谷中的自我和平共处。正如武则天，她可以借助旁人的力量，却绝不依赖他人。

正如《道德经》所说："胜人者有力，自胜者强。"低谷期时，面对质疑与否定，关键在于让自己的内心变得更强大，然后行动。

在人生的最后，武则天在选择接班人时犹豫了许久：到底是把江山还给自己的儿子，也就是李家人，还是传给自己的侄子，延续武家的天下？最终，她选择归政李唐王朝，自己以皇后的名义与李治合葬，还为自己立了无字碑，意思是不对自己下定论，身后功过随便让人评说。

神龙元年（705年），武则天病重，在张柬之等人发动神龙政变后，被迫退位还政于唐中宗。同年十一月，武则天在上阳宫去世。

回看武则天的一生，当命运的走向不好时，她没有抱怨命运不公，而是凭借自己的能力主动出击，自己制造机会，抢占先机，来争取自己想要的东西。

　　她不停地向前走，没有因为满足于现状或畏惧困难，而停下脚步。她不断地挑战自己的极限，并创造了古代女性在历史上前所未有的辉煌。她用自己的行动证明了抱怨是最徒劳的事情，自己强大才是硬道理。

　　当然，我们也不能一味地赞美武则天的所作所为，而应客观地评价她，既要从中学习她的优秀品质和成功经验，也要警惕她的错误行为和失败教训。

　　当我们遇到挫折时，当我们遭遇命运的捉弄时，不妨想想这位从普通的才人，一步步攀登到权力的顶峰，建立武周王朝，成为千古一帝的女性。从她的故事中，汲取不断前行的力量，从当下，让自己内心强大做起。

第十六章

杜甫

你不一定要取得世俗意义上的成就，
但你一定要有追求

杜甫
你不一定要取得世俗意义上的成就，但你一定要有追求

扫一扫
听音频

　　我们的人生就像一场旅行，每个人都有自己的目的地和路线。有人追求名利财富，有人追求平安健康，有人追求快乐自由，有人追求理想志向。那么，什么样的一生，才算是成功的一生呢？

　　如果用世俗的标准来衡量，成功的人生，应该是拥有财富、地位、声望、荣誉，等等。但是，这样的标准是否公平呢？是否能反映出一个人的真实价值呢？是否能给一个人带来真正的幸福呢？

成功的定义是什么

（一）竭尽所能，力求完美

　　成功的人都有这样的一个特质：竭尽所能，把事情做到最好。他们追求极致，往往力求完美。

　　罗丹是法国赫赫有名的雕刻家。有一次，他的朋友——奥地利作家茨威格应邀到他家做客。当时罗丹住在一个大别墅里，那里既是他生活的地方，也是他创作的场所。别墅很大，但是很朴素。罗丹和茨威格吃过饭后开始友好交谈，一个是闻名世界的雕刻家，一个是崭露头角的作家，两个人都对文艺着迷，有着说不完的话题。罗丹邀请茨威格参观他的工作室，工作室内堆满了各种各样的雕塑，

一个个都栩栩如生，仿佛吹一口气就能复活一样。

罗丹走到一处，揭开上面的湿布说道："看，这是我的新作。"茨威格看到一尊漂亮的女性雕塑，他不禁赞叹道："真不错，这简直就是艺术珍品。"

此时，罗丹并没有作声，而是目不转睛盯着雕塑，忽然他皱起眉头喃喃自语："啊，原来这里还有瑕疵啊。左肩好像斜了一点儿，脸上也有点儿问题。"说着，罗丹就熟练地拿起刮刀和木刀片在雕塑身上划来划去。茨威格看到罗丹的眼神中放着光芒，他健壮的手臂变得很温柔，在雕塑身上轻轻拂过，雕塑的线条变得更加生动细腻了。罗丹又调转角度，仔细端详，继续创作。茨威格看到他一会儿眉头紧锁，一会儿笑逐颜开，情绪变化很明显。

时间慢慢过去，半小时，一小时，罗丹如痴如醉，再也没有和茨威格说过一个字。没办法，茨威格只好找了个角落等待罗丹，最后，罗丹终于放下了刮刀，脸上露出了满意的笑容。他像一个热恋中的男人一样，将湿布轻轻盖在雕塑上，然后径直走向门外，准备关门。

"等等，别关门。"茨威格跑到门口大喊，这着实把罗丹吓一跳，然后他才反应过来，带着歉意说道："真对不起，我的朋友，我完全把你遗忘了。你也看到了……"话还没说完，茨威格就紧紧握着罗丹的双手，他终于明白了这个艺术前辈为什么会硕果累累、佳作不断。罗丹的精神也深深影响了茨威格，激励他创作出了更多优质的文学作品。

（二）积极向上，作出贡献

天上有两颗"星星"，好像叮嘱我们："好好吃饭，健康长大。"他们就是为人类作出巨大贡献的袁隆平先生与吴孟超先生。他们在各自的领域发光发热，造福着人类。

少年时期的袁隆平见很多人吃不饱饭，就立志报考农学专业。他说："吃饭是第一件大事。"后来的数十年里，袁隆平一直与稻田为伴，即便是到了90岁的

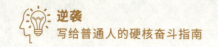

高龄，他睁开眼第一件事还是惦记着地里的稻子。他是中国的"杂交水稻之父"。他有两个梦想，一个是禾下乘凉梦，一个是杂交水稻覆盖全球的梦。袁爷爷希望全世界的人都能够吃饱饭。

吴孟超是"中国肝脏外科之父"，在从医的78年时间里，他挽救了16 000多个人的生命，创造了肝胆外科的多个"世界第一"，使得中国的肝胆外科领先于国际水平。2018年，吴老参加《朗读者》节目，展示了自己的双手和双脚。由于常年做手术，他的食指上关节向外弯曲，像个钩，吃饭非常不便，双脚已无法正常并拢，但是一到手术台上，这些不适就不翼而飞了。支撑吴老的，正是心中的信念：能多救一个是一个。他曾在手术台一直工作12个小时，为一个患者切除了长达60多厘米的肿瘤，也曾为年仅4个月大的婴儿切除肿瘤，还曾让一名濒临死亡的肝癌晚期患者多活了5年。

我们大部分人注定是平凡的，但是也可以像袁爷爷和吴老那样为他人和社会作出贡献，尽自己的微薄之力，让整个世界变得更好，这样的人生也是成功的。

（三）坚守初心，不断前进

成功的人会一直坚守着自己的初心，或是为了济世救人，或是为了完成梦想。初心，是促使一个普通人走向成功的内驱力。

叶连平老师在退休后义务教书近三十年。他免费为学生补课，用自己的知识和素养哺育了一代代学子。他继续教书完全是出于人民教师的初心。叶连平说："既然我对社会还有用，为什么不多做点儿有价值的事情呢，孩子们需要我。"叶连平桃李满天下，成了照亮孩子们求学路上的"乡村烛光"。

在贵州的一个烈士陵园中，刘付昌成为第一代守墓人，这一守就是半个世纪。在这五十年里，刘付昌从没有出过远门，最远的一次也是去疗养院治疗。刘付昌在烈士陵园中种植了葡萄和柑橘，几年后这些果树结出了果子，但是他从来不让其他人吃，甚至连自己的女儿也不能吃。他端着果子来到烈士墓前，喃喃道："烈士们，战友们，我种的果子成熟了，你们先尝尝。"刘付昌的女儿被深深感动了，她知道，在父亲的心中，烈士的分量最重。

在淮阳有一处非遗传习基地，这个基地是由"80后"的谷穗和丈夫创办的。谷穗家世代都是芦苇画手艺人，她也致力于芦苇画的传承，基地的作品在多个展会上获奖。2021年，淮阳芦苇画被评定为省级非物质文化遗产。谷穗和丈夫依托手工技艺，推行了"非遗+残障"残疾人非遗就业项目，面向社会免费授艺，每年投入部分收入作为培训经费，带领残障人士再就业。

初心不改，在前进的道路上才会勇往直前。叶连平义务教书是坚持了初心，刘付昌守墓是坚持了初心，谷穗传承芦苇画技艺也是坚持了初心。他们的人生可圈可点，值得钦佩。

杜甫的封圣之路

唐代大诗人杜甫的一生，没有富贵荣华，也没有功名显赫。他漂泊半生，最后，在由潭州前往岳阳的一条小破船上去世。按照世俗的眼光，杜甫的一生，无疑是失败的、苦涩的。

可是，从另一种意义上来说，杜甫这一生，太成功、太伟大了。

为什么这样说呢？下面我们结合杜甫的人生经历细说。

杜甫，字子美，自称少陵野老。他是唐代现实主义诗人，在后世，被人们称为"诗圣"，和李白一起，并称为"李杜"。

杜甫出生于一个富裕且有文化传统的家庭。他的祖父杜审言，是武则天时期的大官，也是有名的大诗人，他的父亲杜闲也担任官职。杜甫从小就很聪明，也爱学习。他7岁就会写诗，9岁时就有一麻袋的书法习作了。

年轻时，杜甫也是鲜衣怒马的少年，生活算是逍遥自在。20岁时，杜甫南下吴越，开始漫游山河。24岁，杜甫到洛阳参加科举考试，尽管失利，但这对于年轻的他来说，也不算什么。他信心满满，相信自己他日一定能"会当凌绝顶，一览众山小"。此后，杜甫继续游山玩水。结束游历之后，杜甫客居洛阳，在32岁那年，遇到43岁的"偶像"李白。两个旅游"重度爱好者"这一相会，又开始游山玩水。二人携手同游，一句"醉眠秋共被，携手日同行"，好不潇洒！饱览山水之后，二人分别，李白继续游历大好河山，杜甫则为了心中的理想抱负，决心踏入仕途。

命运对杜甫没有一直眷顾，杜甫的人生在35岁之后急转直下。

杜甫35岁到43岁在长安求仕期间，先后经历了应试落第、父亲去世、生活困顿、干谒没有回响、幼子饿死等接连不断的打击。

杜甫应试落第，并不是因为自己的才华和能力不够，而是因为当时的宰相李林甫是个妒贤嫉能、阴险奸诈的小人。李林甫害怕有才能的读书人进入朝廷，对自己造成威胁，搞出个"野无遗贤"的闹剧，让所有的才子无缘中举。后来，杜甫又考了一次，毫无疑问，还是落榜。

此后，杜甫的生活日渐贫困，只能靠着摆地摊卖草药，借宿朋友家，靠朋友接济等为生，也难免饥寒交迫。为了实现仕途上的理想抱负，他向皇帝献赋，向贵人投赠，都以无果告终，最后才得到河西尉、右卫率府胄曹参军这样的小官。可惜，等他总算谋得一官半职后，他却又遭遇了家中变故——幼子饿死在家门口。

杜甫在长安困守了十年，饱受了饥寒疾病的折磨，但他也更加清楚地看到了皇帝和贵族的腐败无能，老百姓和士兵的苦难牺牲，以及国家与民族的危机。他用一篇篇诗歌，表达了自己对时代的感悟和批判。他在《兵车行》里，揭露了战争对百姓造成的伤痛；在《丽人行》里，讽刺了杨氏兄妹的奢靡淫乱。在《自京赴奉先县咏怀五百字》这首长诗里，杜甫写下"许身一何愚，窃比稷与契""穷年忧黎元，叹息肠内热"的诗句，表明了他一直坚持不变的政治理想和责任感。不管别人怎么嘲笑、劝阻，也不管贫穷与富贵，他始终忠于自己的初心和本性。

再后来，安史之乱爆发，潼关失守，唐玄宗逃往成都，杜甫也被卷入了战乱之中。听闻太子李亨（也就是历史上的唐肃宗）在灵武即位，杜甫为了报效国家，匆匆送走家人，想要去面见唐肃宗。途中杜甫被叛军俘虏，送到长安。再次回到长安，看到昔日繁华的长安已经飘摇破碎，目睹了战火和混乱，又听闻了官军的屡败屡战，杜甫心中悲愤不已，写下了《月夜》《春望》《哀江头》《悲陈陶》等感时咏史之作。在长安，杜甫由于名气不大，得以从关押地逃脱。他冒着生命危险，从长安一路逃到了凤翔，见到了唐肃宗。他穿着破旧的衣服，"麻鞋见天子，衣袖露两肘"。唐肃宗被杜甫的忠心打动，任命他为左拾遗。杜甫虽然官位低微，却心怀大志，想要为国家和百姓出谋划策。可惜，他因为直言进谏，为宰相房琯辩护而被贬到华州。

在回华州的途中，他看到百姓流离失所，用诗的形式把见闻真实地记录下来，也就成了我们后来所熟知的"三吏""三别"。

回到华州，旱灾出现了，百姓们在天灾人祸的双重打击下，苦不堪言。杜甫身为小官，也无能为力。他毅然放弃了官职，带着家人逃离华州，前往秦州寻找出路。他之所以弃官，不仅是因为要躲避灾难，还是因为他看清了唐肃宗朝廷的黑暗和腐败，知道自己的正义和忠诚在那里已经没有了容身之地。

经秦州、同谷等地，杜甫到了成都。在那里，他过了一段相对安稳的生活。他得到了好友节度使严武的照顾，生活也有了一些改善。可惜，好景不长，上元三年四月，唐玄宗和唐肃宗相继驾崩，唐代宗登基。唐代宗召见严武，杜甫亲自送行。没想到，这是他们最后一次见面。严武入朝，蜀地却发生了军阀叛乱。杜甫不得不逃离成都，流浪到梓州、阆中等地。后来，他又回到成都，却得知严武已经去世。杜甫失去了严武的庇护，又开始了漂泊的生活。他在夔州住了两年，又到了湖北、湖南一带，最后，病死在湘江上。

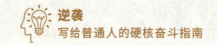

杜甫在后半生，亲眼见证了安史之乱的血腥和唐朝的没落，也经历过饿肚子和生病的折磨，以及亲朋死去的悲伤。他穷困潦倒，体弱多病，最后身死异乡。

在这样困苦的环境中，他始终坚持自己对诗歌以及理想抱负的追求。

先说杜甫对诗歌的追求。他在苦难中坚持写作，在写作中抒发苦难。他用自己敏锐的眼光观察社会现实，创作了大量反映时代变革、民族命运、社会矛盾、人民生活以及个人感受等的诗歌。我们在他的诗中，看到了他对国家和民族的责任担当，对社会和百姓的怜爱悲悯，对理想和信念的坚持不懈，对苦难和死亡的深切体会。

有着坎坷多难的人生经历的杜甫，用他的诗歌，凝结成唐诗难以逾越的高峰之一。杜甫的诗，就像一本历史书，写出大唐的山河破碎，写尽乱世里的人间疾苦，道出黎民百姓的艰辛血泪。杜诗传唱千年，成为中华民族珍贵的文化瑰宝之一。而杜甫本人，也成为文学史上唯一能够与李白并肩而立的大诗人。纵使生前籍籍无名，又如何？杜甫的文学遗产，能得到后世的客观评价，已经足够了。人们尊他为诗圣，把他与李白视为中国文学史上千古照耀的"双子星"。杜诗沉郁，李诗飘逸，二者交相辉映，成为唐诗中最耀眼的太阳与月亮。从这个意义上来说，我们怎么能说杜甫的一生是失败的呢？

再来说说杜甫的理想抱负。杜甫这一生，一直有一个理想，那就是为国家和老百姓做点儿事。年轻时，他在诗中写道，"致君尧舜上，再使风俗淳"。他想要成为能够辅助皇帝的人，让天下百姓生活安定，民风淳朴，就像尧舜时代的稷与契那样，就像周朝的周公旦那样，就像春秋时期的孔子那样……晚年时，他在诗中写道："凄其望吕葛，不复梦周孔"。纵使经历千万打击，他希望能够成为像吕尚和诸葛亮那样的英雄，拯救万民于水火。无论他经历多少挫折和磨难，都没有忘记自己的使命和责任。他始终心系百姓苍生，关注社会现实，用诗歌呼吁和平、正义、仁爱，为国家、民族、社会，发出了强烈的声音。

杜甫的人生意义，不在于他做了多大的官，而在于，无论是贫是富，他始终把自己的理想抱负融入自己的骨血里，并用一生去实践。

所以，从这个角度来说，杜甫这一生，太伟大、太成功了。

重读杜甫的诗歌和传记，我觉得，这位伟大的诗人用他的一生向我们讲述了一个道理：人这一辈子，不一定要取得世俗意义上的成就，不一定要富足，但你的人生一定要有所追求。

有追求，才有价值

（一）财富不是成功的唯一标准

有钱才算成功吗？不见得。财富并不是衡量成功的唯一标准，就像杜甫、李白等人，他们没有多少钱，但是他们留给后人的诗歌足以让他们流芳百世。相反，有些很有钱的人，比如石崇、邓通等人留给人们的只是笑话罢了。

居里夫人向来不慕名利，一心研究科学。她一生获得奖金奖牌无数，更是成为世界上首个两度获得诺贝尔奖的女科学家。有一次，居里夫人的朋友来家里做客，忽然发现居里夫人小女儿手中的玩具正是英国皇家学会刚刚颁发给她的金质奖章，朋友很惊讶，居里夫人则说道："我就是为了让孩子知道，荣誉就像是手中的玩具，绝对不能够看得太重，不然就会一事无成。"

中国首位诺贝尔生理学或医学奖得主屠呦呦说过："科研不是为了争名夺利。"在电视剧《功勋》开拍之前，屠呦呦的扮演者周迅曾表示，屠呦呦院士很喜欢钻研，而且不追星，她把宝贵的时间都用在了科学实验中。坚守自己的追求，不为名利所迷惑，人生的价值才会光芒万丈，无人可挡。

（二）你的价值就在你身上

1.价值是善意的帮扶

人生的价值往往散发着丝丝善意。1854年英俄两国在克里米亚开战，有一个女子毅然奔赴前线。她为伤员们包扎、消毒、换药，还变着法改善伤员们的伙食。她会为伤员清洗带有血渍的衣裤，每个晚上都会提着马灯巡视伤员，她还会为情绪不好的伤员唱歌，送去温暖。每天她都会超负荷工作，因为伤员太多了，她累得掉光了头发但依旧坚持，伤员的死亡率从60%降到了0.3%，直到战争结束，所有士兵撤离战场，她才回到家乡。她就是南丁格尔，被誉为英国历史上最伟大的女人，她的名字也成为世界医护界最高奖项的名字。

香港的霍英东是知名的慈善家，光是所捐善款就高达150亿港币；河南郑州的孙合理为需要帮助的人送去了爱心面；"布鞋奶奶"唐明现在40年时间里为武警战士和消防队员送去了一万多双布鞋和鞋垫。善意不分贵贱，正是有了这份善意，人生的价值才愈发凸显。

2.价值是谆谆告诫

漫画家张乐平在小学的时候，受到了美术老师陆寅生的点拨，从此专攻政治漫画。后来他创作出了闻名海内外的漫画作品《三毛流浪记》。尽管功成名就，但是张乐平依旧难忘恩师。五十多年后，张乐平几经辗转终于寻访到了陆老师。陆老先生很感动，说道："师道之不传也久矣，你还能想着我，真是难得。"张乐平说："我的第一幅漫画就是您教授的，我怎么能忘记您呢！"

华坪女高的校长张桂梅老师用自己的行动诠释了什么才是人生的追求与价值。看到贫困山区的女孩子没学上，张桂梅挨家挨户去劝学，华坪女高也成为一所不收费的高中。她知道，在这大山深处的女孩子们，读书是改变命运的唯一出路。她的学生们也很争气，有的成为人民教师，有的成为医生，还有的成为警察，大部分都是造福于人民的岗位。张桂梅的一个女学生毕业后结婚生子，男方家境不错，于是她想着要为华坪女高捐赠资金。张桂梅见到学生很激动，但是得知她现在是全职太太后，张桂梅当场训斥了她，也拒绝了她的捐赠。在张桂梅看来，女性没有用知识和能力为社会作贡献，反而安心当起全职主妇，是非常堕落的。有人说张桂梅的想法有些偏激，但是不容置疑的是，正是由于张桂梅的坚持，2 000多名贫困女孩儿才走出大山，圆了大学梦，改变了人生轨迹。

　　人生的意义是什么呢？对于我们来说，只要追求心中所想，我们的人生就是有意义的。

　　至于成功，每个人都有自己的定义和标准，没有绝对的对错。你可以追求世俗意义上的成功，也可以追求自己心中所想，只要不违背道德，不触犯法律，不妨碍他人与社会，都可以去尝试。

白居易

人这辈子，快乐才是最重要的

相信许多朋友，都听过苏轼这个名字。他是宋代的一位文豪，他的人生经历了很多坎坷，但他始终保持着乐观旷达的心态。可是，你们知道吗？被林语堂先生称为"天生的乐天派"的苏轼，也有个非常崇拜的乐观豁达的偶像。那苏轼的偶像是谁呢？这人就是唐代的大诗人白居易。白居易是苏轼心目中的乐天派，他的人生哲学，对苏轼有着很大的影响。

那么，白居易是怎样的一个人呢？他又是如何实现快乐人生的呢？

乐天居易，决定人生态度

白居易，字乐天，号香山居士。单看白居易的名和字，下意识就会觉得，这人不简单。要知道，古代人的名和字都不是瞎取的。"居易"和"乐天"，分别取自古代典籍《中庸》和《周易》中的名句，"上不怨天，下不尤人，故君子居易以俟命"和"旁行而不流，乐天知命，故不忧"。这两句话，也是白居易一生的座右铭。正是这样的座右铭让白居易在一生中，无论遇到什么样的境遇都能以平常心去面对。

白居易出生于一个贫寒家庭，但他有着过人的才华和勤奋的精神。

经过十年苦读，他终于考中了进士，在朝廷中做了官。白居易是一个有着强烈正义感和爱民之心的官员，他积极参与政治改革，上书进谏，为民请命。在元和年间，白居易任左拾遗一职，这是一个可以直接向皇帝陈述意见的重要职位。白居易在这个职位上表现得非常出色，"有阙必规，有违必谏"，可以说是不畏权贵，不惧阻碍，一个劲儿地向前冲。

然而，在这个风云变幻、党争频繁的时代，白居易也遭遇了很多挫折和打击。

元和六年（811年），白居易的母亲去世了，他回到家乡为母守孝三年。这三年里，白居易开始反思自己过去在朝廷中的所作所为，并对自己的人生进行了审视。他发现自己在政治上所做的努力，并没有得到应有的回报和认可，而且还得罪了不少人，"直道速我尤，诡遇非吾志"。他开始对佛、道等思想产生兴趣。

元和九年（814年），白居易回朝任太子左赞善大夫。

元和十年（815年），发生了一件震惊朝野的事件：宰相武元衡被刺杀了。白居易仗义执言，主张严缉凶手，被诬为越职言事，而且还被污蔑说，他的母亲看花而坠井去世，他却著有"赏花"及"新井"诗，行为不符合礼教。欲加之罪，何患无辞？这些罪名其实只是朝中的同僚看白居易不顺眼，罗织的罪名罢了。

白居易在朝堂上又被泼污水，被贬为江州司马，一降数级。这可以说是白居易人生的低谷。这次被贬，也成为白居易思想的一大转折点。经历丧母之痛的白居易，本就有些倦怠，他觉得凭一己之力好像不能扭转大局。他认识到，"功名何足恃""富贵何足论"，只有"知足保和"才能真正获得快乐。在谪居江州期间，他写出了著名的《琵琶行》，一句"同是天涯沦落人，相逢何必曾相识"成为流传千年的金句。

白居易虽有被贬谪的忧愁，却能够随遇而安，徜徉于山水。在江州（今江西九江），他整日与山水相伴，与琴酒为友，来涵养自己的精神，抚平心中的伤痛。

在之后的人生中，白居易又历任了几个州的刺史和几个京官职位，无论在任何地方，他都能作出善政，并且不为政务所累。长庆初年（821年），白居易又被贬到杭州，在那里他做了许多水利工程，并且写下了很多描写西湖美景以及表达自己闲适心境的诗歌。文宗大和三年（829年）春，白居易称病告假，以太子宾客分司的官职，在东都洛阳做官。东都洛阳具备与长安相仿的官僚系统，却不是朝堂的核心。此处的官员相对闲散，白居易相当于主动离开了党争的漩涡和权力斗争的中心。

大和四年（830年），当时白居易已经快60岁了。有一天，他骑马出游，在回程时不慎坠马，摔伤了腰和脚踝，这让他不得不在家躺着。这件事让白居易深感惊骇和悲哀，他意识到自己已经老了。身体的疼痛，让他不得不慢下来，静下来。白居易又开始反思自己这一生的所作所为，他觉得自己虽然有过辉煌和荣耀，但这些其实都是过眼云烟，只有快乐健康，才是真真切切的。

而后，白居易便在洛阳城西北郊外的香山，建造了自己退休后能够安度晚年的住所——香山草堂。香山草堂四周环绕着青山绿水，鸟语花香，空气清新。在那里，他可以随心所欲地读书写诗，种花养鹤，与友人交流。会昌二年（842年），白居易以刑部尚书致仕，也就是退休。他退居洛阳香山，自称"香山居士"。在香山草堂里，白居易度过了最后的幸福时光，享年75岁。

情绪管理，是复原的动力

纵观白居易的一生，他曾痛苦周旋，曾在官场中左支右绌、步履维艰，更面临着理想抱负与残酷现实的差距，连他的才能也难以施展。然而白居易人生的转折就在于他采取了相对乐观的态度，用"复原力"超越了苦难。

"复原力"是一个心理学概念，是指每个人面对逆境、创伤等困难压力之后，自我反弹恢复的能力。

白居易这方面的能力相当出色，当他寄情山水时，他是真的能从朝堂的抑郁状态中抽离出来，去寻找快乐。

与之形成对照的，正是同时代的另一位名家柳宗元。柳宗元的一生也有过山水名篇，也曾遭遇多次贬谪，然而柳宗元的态度就与白居易截然不同，他只是借山水来短暂地缓解痛楚。柳宗元在给朋友写信时说："时到幽树好石，暂得一笑，已复不乐。"就像"囚拘圆土"，等到天气暖和时，"负墙搔摩，伸展肢体"，是一时之乐，然而"顾地窥天，不过寻丈，终不得出，岂复能久为舒畅哉"，就是说山水只能带给他一时的快乐，不能长久，他难以从抑郁的情绪中复原。

以白居易为偶像的苏轼，也是一个历经无数风雨的情绪管理大师。

事实上他可能没有我们想象的那么洒脱，他的乐观豁达，也是在成长中一步步调节而成的。苏轼年少成名，在仕途上却郁郁不得志。他没少用他的好文采变着法地"阴阳怪气"，这和我们遇到不如意的事时在家抱怨发泄差不多。

但苏轼不纠结，不固执，无论好坏，等千帆过尽，他只管继续向前走。

苏轼在黄州写下的《寒食帖》和许多信件，就是他情绪调节的证明。那时苏轼刚经历了乌台诗案，被贬到黄州。他在帖里写道："空庖煮寒菜，破灶烧湿苇。那知是寒食，但见乌衔纸。君门深九重，坟墓在万里。也拟哭途穷，死灰吹不起。"

这是想哭都哭不出来的凄凉惨淡，破灶煮菜，故乡遥远，报国无门，非常痛苦。

令人惊奇的是，他许多出色的诗文、书法作品，都创作于被贬黄州期间，包括我们很熟悉的气势恢宏的《赤壁赋》。后来，苏轼给友人写信，提到他穿着草鞋，与渔民樵夫厮混，被醉汉推搡辱骂，暗自高兴没人认识他了。

再看苏轼在《定风波》中所写的"莫听穿林打叶声，何妨吟啸且徐行。竹杖芒鞋轻胜马，谁怕？一蓑烟雨任平生"。大雨来临时，与其沮丧地哭泣，不如唱着歌，享受雨中的畅快淋漓。在不长不短的一生，快乐才是生活的真谛。如果能热爱生活，在生活中寻找乐趣，那么下雨天和晴天有什么区别呢？逆境和顺境，又有什么分别呢？"回首向来萧瑟处，归去，也无风雨也无晴。"不被外界环境所困时，才能体味到人间的乐趣，活着就是快乐，吃好喝好心态好，更能快乐。

苏轼也与白居易一样，在佛道思想中寻求心灵的充实和解脱，用爱好来填充自身的生活。

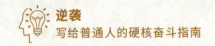

这就是乐观的真谛。

现代社会生活压力大、生活节奏快，时时刻刻都需要抗压能力，大家似乎已经渐渐接受了"生活，就是个缓慢受锤的过程"，并且学着被锤得"体面"一点儿。遭受挫折的同时，不妨整理好自己的情绪，乐观地抬起头一起继续向前走吧，说不定前方就是上坡路了。

当然也不能罔顾现实盲目乐观。

白居易虽然从云谲波诡的朝堂争斗中抽身，却没有放下对百姓的关怀，没有放下他作为一个诗人和官员的责任。他写下《卖炭翁》等关注普通人生活疾苦的作品，描述了"可怜身上衣正单，心忧炭贱愿天寒"的卖炭翁，让更多的人目睹并且意识到人生的苦难。他做地方官时，更是做了许多力所能及的惠民政务。

白居易的乐观，正是建立在看清现实残酷与黑暗的基础上。他能够勇敢地面对，再以乐观的心态支撑自身，在心中将苦难化解，积极前行。就如罗曼·罗兰所说，"世界上只有一种英雄主义，那就是认清了生活的真相后依然热爱生活"。

积极乐观的心态能带来很多积极影响

比起同时代的官僚，活到75岁的白居易可以算是高寿，其中多多少少受到他个人心态的影响。

白居易可以说是诗歌界的知名"病秧子"，可他对待疾病，态度坦然。白居易写过很多首诗来歌咏他的疾病，后世根据他的诗对其症状进行分析，他应该有痛风的痕迹。比如在他写的《足疾》中提到，"足疾无加亦不瘳，绵春历夏复经秋。开颜且酌樽中酒，代步多乘池上舟。"意思是：足痛反反复复不加重也不痊愈，从春天绵延到秋天，不如我还是开心饮酒吧，脚痛出门不方便，那么干脆就乘船代步。

斋戒时断了荤腥，被病痛缠身的白居易开心感慨自己身轻如燕了，"仲夏斋戒月，三旬断腥膻。自觉心骨爽，行起身翩翩。"简直比神仙还自在。

心态在一定程度上，确实影响一个人的生活轨迹，甚至影响个体的健康状况。

比如我们前文提到的唐代诗人柳宗元，他没有从抑郁情绪中复原，始终郁郁寡欢，不到50岁就去世了。而他的至交好友刘禹锡，前半生也有着相似的经历。二人都因为参与"永贞革新"失败后遭到贬谪，然而号称"诗豪"的刘禹锡向来乐观积极，熬过一轮又一轮的政治斗争，在晚年回到洛阳，与白居易结伴，过着交游对吟的充实生活，享年70岁。可以说，此时"刘白"二人都是用乐观积极的态度打败失意的"快乐老头"。

我们也可以在刘禹锡的人生中寻找到一点儿乐观心态制胜的蛛丝马迹。

刘禹锡21岁进士及第，很快入朝为官。他年轻时很有政治热情，然而不幸成为政治牺牲品，刚过而立之年，就被贬去偏远地方做司马。在遭到贬谪后，刘禹锡并不消沉，还在作品中将政敌比作微小却烦人的蚊子，显然并不为之困扰。他好不容易熬到40多岁，才应召回京。

刘禹锡回京以后就去当时京中的"网红景点"玄都观凑了个热闹，风风火火地写了一首《元和十年自朗州至京戏赠看花诸君子》，诗里说：

> 紫陌红尘拂面来，无人不道看花回。
>
> 玄都观里桃千树，尽是刘郎去后栽。

诗的后两句写玄都观里如此众多的桃树，十年前自己在长安时还没有，都是自己离开长安后栽下的。而这千树桃花，代表了十年来靠投机取巧走上仕途的新贵们。不想十年光景，攀附权贵的人多了，投机取巧的新贵也多了，这表露了刘禹锡对趋炎附势之辈的强烈嘲讽。

后来皇帝听说了这首诗，也觉得刘禹锡在讥讽朝政。于是刚回京城不久的刘禹锡，就因为这首诗，又被贬去了偏远的播州（今贵州遵义）。当时播州是个蛮

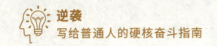

荒又有瘟疫的地方，好在别人为他求情，说他要赡养年事已高的母亲，才换成了连州。

在刘禹锡的诗中，我们根本看不出他过得有多凄惨。他不爱"卖惨"，天性乐观，但实际上他被贬谪在外20多年，大好年华都在偏远地方的闲职上消耗掉了。

他在50岁后才回京，担任要职。他又去了一次玄都观，这次写的诗叫作《再游玄都观》：

> 百亩庭中半是苔，桃花净尽菜花开。
>
> 种桃道士归何处，前度刘郎今又来。

显然他还没忘当年因写玄都观桃花被贬的事情，可这时的玄都观已经没有桃花，改种菜了，世事变迁，京中旧人换新人，刘禹锡不禁感慨："种桃道士归何处，前度刘郎今又来。"

这时他的政敌们或失势，或故去，连皇帝也换了好几个。而刘禹锡之所以一把年纪又杀回政坛，还能安享晚年，乐观的心态极其重要。积极的态度为他打造了健康、有行动力的身体。当然，他的通达乐观，也让他看事情的角度与常人不同，往往能察觉更有希望的那一面。我想正是这份心态，让他挺过了二十三年的煎熬。

就像他与白居易会面时写的名句："沉舟侧畔千帆过，病树前头万木春。"

心态，在心境之外，更能影响一个人的健康状况以及遇事的行动力。以积极乐观的心态出发，才能放开手脚，不至于画地为牢。

生活中很多时候遇到的糟心事，乍看没什么，我们反倒是越想越气，或许事情过去了，才发觉对方说的话有自己没听出来的恶意。有时，我们也会让困境发酵，影响自身。

其实，"钝感力"可以成为保护自身心态的防御机制。顾名思义，"钝感力"

是"迟钝的力量"，其关键在于迅速忘却不快的事情，坦荡地面对流言蜚语，不要着急去做判断，从积极的一面出发来面对问题。

对于一些性格敏感、容易悲观的人群，可以参考哈佛大学公开课中的3M模型，判断自身是否掉进了3M的陷阱，导致越来越消极，更难提起精神。3M模型的三个关键是：放大（Magnifying）、最小化（Minimizing）和捏造（Making-up）。

放大，指将一次失败放大，小题大做，比如白居易如果将一次朝堂失利放大为整个仕途都毁了，自然没有继续积极作为的行动力；最小化，是指关注极小的缺陷，从而忽略整体，忽视自身的优势；捏造，指过度消极，凡事往坏处想，把假设当真并且惴惴不安，这难免会让人有更重的心理负担，很难面对平凡生活中的不如意。

纵观白居易的一生，他从未掉进过这些情绪的陷阱。无论是经历苦难，还是身处高位，他都能不为外物所动，不为利禄所惑，不为名誉所累，实在是让人佩服。并且随着年岁的增长，白居易越来越懂得践行快乐的人生哲学。

当然，白居易也不是一开始就想通的。他在遇到挫折时，反思自己的思想历程，通过佛道等思想调节自己的心态，通过美好的自然风光抚平内心的伤痛，内外贯通，完成了一位"乐天派"的彻底蜕变。

人生路上，如果遇到了什么挫折，或者一些让你不开心的事情，不妨想想白居易，想想他是怎样用自己的智慧和心境，去化解困难和烦恼，让自己快乐起来的。快乐来自内心的满足和安宁，而非外在的条件和环境。只有知足常乐，才能真正享受人生。

第十八章

欧阳修

生活没有光时，
努力便是唯一的光

欧阳修

生活没有光时，努力便是唯一的光

2023年春节，电影《深海》取得了不错的票房成绩，其中有句台词："有的时候这个世界看上去是灰色的，不像梦里那么五彩斑斓。可是，就算是这样，也一定有一些光亮在等着你。"男主人公南河为了救一个陌生的小女孩儿参宿，用生命为参宿在灰色的世界里撕开了一道裂缝儿，给了她活下去的光亮。

在感动之余，我不禁要感慨，假如没有那道光，该怎么办呢？对于这个问题，宋代的文坛巨擘欧阳修用自身的经历告诉我们：当生活没有光时，努力便是唯一的光。

当陷入灰色世界，遭遇命运不公时，很多时候没有人主动伸手拉我们一把。这时候，我们需要靠自己的努力爬上岸，让生活变得好一点儿，再好一点儿。欧阳修就是这样的。

欧阳修4岁那年，他的父亲欧阳观因为积劳成疾去世。欧阳观生前是一个小官，经常四处调动。他做官清廉，薪水微薄，还要时常接济别人，因此，他并没有给老婆孩子留下多少积蓄。欧阳修的父亲去世后，母亲郑氏发誓不再嫁人，要把三个孩子养大成才。由于家徒四壁，连吃饭都成问题，郑氏只好带着三个孩子，投奔在随州任职的叔父欧阳晔。靠着欧阳晔的接济，这一家子才勉强为生。虽然生活艰难，但郑氏相当重视对孩子的教育，毕竟，再穷不能穷教育。郑氏是位知书达礼的女子，她的文化水平还可以。眼见欧阳修到了读书的年龄，家里却没钱供他读书，郑氏便决定亲自教他读书写字。买不起笔墨纸砚，怎么办呢？池塘边的荻草秆能当笔，地上撒上一层沙子，能当纸。就这样，郑氏每天都坚持教欧阳修识字、写字。这段故事也就是后来广为流传的"画荻教子"。

识字多了以后，欧阳修便学习诵读古人的诗文。在母亲的熏陶以及困厄的磨炼下，欧阳修夜以继日、废寝忘食地读书。欧阳修很聪明，一篇文章他基本上读过一遍就能背诵出来。

一次，在当地一位李姓人家中，欧阳修借到韩愈的《昌黎先生文集》，随便翻开几页一读，可谓如获至宝。他如饥似渴地读着，万分投入。

回看欧阳修的童年和少年时期，虽然他始终被物质上的贫困包裹着，但他在精神上十分富足。他以坚强的意志刻苦学习，孜孜不倦地读书，这也为他以后的成功打下了坚实的基础。

欧阳修在17岁和20岁时，参加过两次科举考试，两次都落榜了。22岁那年，欧阳修找到胥偃作为自己的老师。胥偃非常欣赏欧阳修的才华，不仅亲自教授、辅导欧阳修的课业，还把自己貌美的女儿胥氏许配给欧阳修，并把欧阳修的母亲郑氏接来由胥氏服侍。由此可见，胥偃对欧阳修的确很看重。也是在那年冬天，欧阳修跟着未来的岳父胥偃一同进京，参加第三次科考。次年春天，欧阳修在开封府国子监考试中考了第一名。同年秋天，欧阳修参加解试，又是第一。来年的礼部省试，欧阳修还是第一。还有最后一场殿试，如果没有意外，欧阳修也会稳稳地考中。两个月后，在皇帝亲自主持的殿试中，也许是主考官晏殊觉得欧阳修锋芒毕露，想挫挫他的锐气，于是，欧阳修只考了第十四名。尽管是第十四名，也足够欧阳修做个小官了。这一年，欧阳修24岁。

有人说，欧阳修能在24岁就金榜题名，那是因为他聪明，有天分。可是，仅仅是这样吗？所谓天分，其实不过是日复一日的努力罢了。欧阳修虽然有着天赋和才华，但并没有因此而自满懈怠。他始终保持着勤奋刻苦的学习精神，坚持

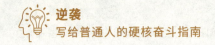

日复一日地读书学习，不然，拥有再聪明的头脑也很难成功。

欧阳修入仕之前，他的生活被贫困包裹，似乎是灰色的，没有光的。这个在贫寒的单亲家庭中长大的孩子，用自己的努力，靠科举改变了自己的命运。

欧阳修的入仕经历告诉我们，当你无所依凭时，努力是你唯一的资本。

欧阳修，无疑抓住了这个资本。

在当代社会，欧阳修不懈努力的态度和经历，能够给努力打拼与努力生活的我们带来哪些激励和启发呢？

越是资本不足，越要向上生长

有很多人觉得努力是无足轻重的，甚至对刻苦努力的人嗤之以鼻。他们觉得只有天赋不够，才需要努力。殊不知，这世上既聪明又努力的人，实在是太多了。更不用说，这些人身上可能还有别的技能。

从这个角度来说，你还有什么理由不努力呢？

诚然，人在没有外界的资源可依靠，又没有过硬本领的时候，最容易悲观消极，甚至是绝望。但是往往这个时候，就是最考验人的时候，也是最需要坚持努力的时候，就看你能否忍受孤独，耐得住寂寞。

青年时期的鲁迅，对世界的看法是绝望的，对社会是绝望的，但是他依然"以悲观作不悲观，以无可为作可为，向前的走去"。

鲁迅对现实持悲观态度，表面上抱有极度消沉的思想，但他还是呼吁大家要向上，就算没有希望，也依然要保持积极——"愿中国青年都摆脱冷气，只是向上走，不必听自暴自弃者流的话。能做事的做事，能发声的发声。有一分热，发一分光，就令萤火一般，也可以在黑暗里发一点光，不必等候炬火。此后如竟没有炬火：我便是唯一的光。"

这种积极向上的精神，放在我们每个人身上，依然适用。就算是万念俱灰，就算是没有什么可以依靠的资源，我们也要专注于当下的事情，努力为自己赋能。要相信自己就是唯一的光，不管自己将会走向什么方向，总会走出一条属于自己的路。

"山重水复疑无路，柳暗花明又一村"，这不是简单的描写景色的诗句，也不是给人以隔靴搔痒的安慰，其中蕴含着深奥的哲理。没有外来资源的帮助，也就消除了侥幸心理和外界信息的诱导，也就只能凭借自身的生命力迸发出最原始强劲的力量，"绝处逢生"，让自己的前路见到光明。

就像是那位为了救孩子，在绝望之中一人将汽车抬起的母亲，她能够这样做并不仅仅是伟大的母爱在发挥力量，还有人在绝望之时能够迸发出的力量。人最原始的生命力，如惊涛骇浪，能够完成许多看似不可能完成的事情。

在现代社会，每个人拥有的条件都不相同，甚至天差地别，再加上各方面的压力袭来，总会让人喘不过气来。人生没有突破的机会，没有自身资源加持，难道就要自怨自艾，止步不前吗？发掘自己的生命力，努力去生活，沉淀出一个更强大的自己，专注于自己的事情，让自己成为自己的光，成为自己的依靠，哪还怕什么寂寞与孤独呢？哪里还会有焦虑和绝望呢？

生活无光，无所依凭时，所能依赖的便只有自己，只有努力了。

反观自身，找到前方的光亮

每个人都有自己的特点，都有自己的热爱，只要找到这两个因素，何愁自己的努力没有方向？何愁自己的生活没有希望呢？欧阳修喜欢读书，同时又博闻强记，对看过的诗书马上就能诵读出来，这就是他的热爱和自身的特点。更幸运的是，他还能将两者结合起来，然后通过努力，将自己的才华用于科举选拔上，取得功名。

有时候感到世界黑暗，是因为没有找到属于自己的位置。这时候不必气馁，

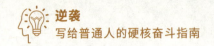

因为任何人没有站对位置时，都是平庸的。不知道自己应该做什么，可以反观自身的特点，重新找到奋斗的方向。

20世纪50年代，爱因斯坦曾收到一封信，邀请他去当以色列的总统。爱因斯坦毫不犹豫地拒绝了。他在回信中表明，他自己一生都在同客观物质打交道，因而既缺乏天生的才智，也缺乏经验来处理行政事务及公正地对待别人，所以，他不适合如此高官重任。

历史学家认为，爱因斯坦是清醒而明智的，他的智慧和美德不仅在于他发现了相对论，还在于他发现了自己。

了解自己最适合什么，在适合自己的道路上做正确的事情，是爱因斯坦伟大的原因之一。但是我们怎样在职场中找到属于自己的最佳位置呢？

1.根据兴趣来寻找。兴趣在相当大的程度上显示出一个人适合干什么，易于成就什么。一个人在职场中的最佳位置，一定与他的兴趣有关。

2.根据特长来寻找。丁磊、李彦宏、陈天桥等富豪都对互联网有着超乎寻常的领悟力和敏锐度，他们根据特长选择了职业，都获得了很大的成功。

3.根据性格来寻找。要善于把握自我，选择适合自己的性格且便于发挥最大优势的岗位。

只要把握好自我，选择一条适合自己的路，就等于找到了希望，生活的努力也就有了凭依，何愁没有努力的理由呢？

抓住所有资源，发挥最大动能

欧阳修资源不多，但是每一个看似不起眼的助力，他都紧紧抓住，让它们发挥最大的效用。他充分发挥自身优势，让自己的学识更上一层楼，从而得到更多的资源，走向理想的仕途道路。

身在快速发展的时代，在职场中沉浮的我们，怎样整合有限的资源，让它们发挥最大的效用呢？

在中国，最有效的资源之一就是人脉。

所以，在学校不论学习成绩好坏，都别忘了积累你的人脉，跟同学、老师、师兄、师姐搞好关系，这是你的内部人脉给你的支撑。

在就业或者转行的时候，真正能够成为职业助力的是你的外部人脉。外部人脉将在很大程度上影响你的视野、就业可能性和职业融合度，能够为你引荐可靠的职业领路人，提供有效的行业信息，使你在就业选择中有更多的可能。

谁都有自己的资源，多想想身边的朋友，总会找到机会去成长、去发光，你的世界不是黑暗一片。

诺贝尔奖获得者赫伯特·西蒙曾提出"一万小时定律"，后来被人们拓展为：如果你在一个领域、一项技能上，努力深耕一万个小时，那么，你将成为这个领域的高手。这个法则的核心，是长期专注的刻意练习。当然，对于不同的领域和技能，所需要的时间是不同的，有的长一些，可能需要两三万个小时，有的短一些，可能几百个小时就搞定了。

还有什么理由不努力呢？

努力了，不一定有结局，但不努力，一定没结果。

努力专注脚下的路，没有路，那就走出一条路；努力寻找能够抓住的资源，没有资源，那自己的生命力就是最好的资源；努力去坚持想做的事情，没有想做的事情，那就努力寻找适合自己做的事情。选择需要努力，坚持需要努力，认真生活，然后一丝不苟地过好这一生，生活终会回馈我们。

有些被命运捉弄的人假装玩世不恭。他们崇尚天赋，偏信命运，以为看透一切，却什么都没有抓住。不要听天由命，还需认真努力。

第十九章

李清照

飘摇的人生路上，
如何坚韧地活着

李清照

飘摇的人生路上，如何坚韧地活着

　　要说我国古代第一才女，非李清照莫属。人人都知道李清照文采斐然，但她与赵明诚的爱情故事，很少有人提及；在北宋和南宋交替的乱世，她飘摇的后半生也是很少被提及；她作为一位女性，在离乱的年代，如何坚韧、坚守、坚持更是很少被提及。她的人生经验，或许能够帮助我们渡过人生的许多难关。

　　李清照的一生，可以分为两个阶段：前半生幸福美满，后半生凄惨悲苦。可以说，她经历了从富贵到贫困、从幸福到悲伤、从安定到流离的巨大转变。

　　李清照出身于书香门第，父亲李格非是进士出身，母亲王氏是丞相之后。她从小就受到良好的家庭教育，能写诗作词，才华出众，十几岁就轰动全国。她的词作，比当时的很多文人士大夫写得都要好很多。

　　18岁时，李清照嫁给了赵明诚，两人门当户对，志趣相投，时常诗词唱和，共同研究金石书画，非常幸福甜蜜。"赌书消得泼茶香"，和爱的人在一起，再平凡的事情也充满了诗情画意。

　　两人也有离别的时候，李清照写起对丈夫的思念："一种相思，两处闲愁。此情无计可消除，才下眉头，却上心头。"这相思，这愁情，从眉头到心头，是汹涌澎湃的，是难以摆脱的。这也说明两人的感情是非常深的。

　　但是后来，由于政治风波，李清照的父亲被罢免官职，赵明诚的父亲却得到重用，两人可能产生了嫌隙。而且，赵明诚还纳了妾，这让李清照十分伤心。

接踵而来的是山河破碎。公元1127年，金兵攻进汴梁。李清照和赵明诚追随宋高宗，逃到了南方。赵明诚在江宁做知州，带人抗击金兵。军中发生叛乱时，赵明诚却做了翻墙的逃兵。由于"越墙"事件，赵明诚被朝廷停职。

不久，他又被派往浙江湖州任职。夫妻分别之时，赵明诚已经不关心李清照在混乱的局势里如何度日了。

李清照问赵明诚，自己要是遇到金兵怎么办？赵明诚说："不得已时，你就丢下包袱、衣被、书卷和古器，但是唯独金石不能丢，哪怕舍弃性命也不能丢。"这时的赵明诚，哪里还有一位丈夫该有的担当？他关心的只有自己的金石收藏。这段婚姻，到这里，李清照也失望透顶了。

乱世漂泊中，二人两地分隔。不久，赵明诚生病离世。李清照虽然怀念他们曾经的美好时光，但也无法忘记他的过错和不负责任。她在《金石录后序》中提到，赵明诚临死前"取笔作诗，绝笔而终，殊无分香卖履之意"，意思是说，他没有对她留下任何遗言或安慰。由此看来，两人的感情也不尽是甜蜜。爱情退潮，种种矛盾，也都显现了出来。不过斯人已逝，爱也好，怨也好，都不能再对那人说起了。

就这样，孤苦无依的李清照，带着自己和丈夫珍爱的几车金石字画，在乱世里，漂泊南下。李清照在飘摇的人生路上，不仅要逃亡，在乱世生存下去，还要替曾经的爱人赵明诚守护心爱的金石，不可谓不辛苦。

到了杭州，由于带着财物，李清照经常遭遇偷窃。在乱世中生存本就艰难，何况是一位女性勉力支撑。

这时候，有位"谦谦君子"出现了，他叫张汝舟。

李清照被张汝舟的爱意打动，嫁给他后，那人却变了脸，露出了本来凶恶的面目。张汝舟文化素养不高，他意在夺取李清照的书画古玩，还经常打她。独立高傲的李清照，怎么可能忍受这些呢？她就揭发了张汝舟以前作弊考中进士的罪行，要求离婚。按照宋朝的法律，妻子告发丈夫，即使属实，也要判处两年徒刑。李清照不惜坐牢，也要摆脱张汝舟。这种决绝的精神，放在现代，也是非常值得佩服的。后来，她的亲戚朋友出面帮忙，才使她既离了婚，又免于两年牢狱生活。她坐了9天牢就被释放了。

这次不幸的婚姻，虽然只持续了不足百天，却为李清照招致无数的讥笑和苛责。可是，我们能说李清照错了吗？女子难道不能再嫁吗？至于遇人不淑，是因为那个人太善于伪装了，所以，哪怕像李清照一样聪慧，也有被欺骗的时候。但是，一旦看出端倪，她就不允许自己再软弱下去，果断摆脱错误的婚姻，绝不拖泥带水。哪怕是经历牢狱之灾，她也在所不惜。哪怕是再次颠沛流离，她也绝不妥协。

放下沉没成本，勇于"断舍离"

在李清照的一生中，勇于"断舍离"是不可忽略的一个关键点。

选择与张汝舟再婚，她背负了名声上的压力，然而这并不是关键，关键在于她遇人不淑，选择了不值得托付的对象。张汝舟另有所图，婚内家暴，在精神上也无法与李清照产生共鸣，比之赵明诚都差之千里。

可是在封建社会的婚姻中，女性很难主动从中抽离。比如宋朝离婚制度就相对不公平，女性虽然可以向官府"起诉离婚"，但难度较大。男方想跟女方离婚是比较简单的，女方有"七出"（不孝顺父母、无子、淫、妒、有恶疾、口多言、偷盗）的行为男方就可以休妻。

相对的，女方想离婚，就没这么容易了，如果男方没有失踪三年或因犯罪被流放等极端情况，女方是不能轻易提出离婚的。李清照是抱着鱼死网破的决心，将张汝舟的罪行告发，才获得解脱的。

可是面对如此巨大的代价，李清照依旧敢于"断舍离"——"断舍离"不仅仅是指对于生活用品的选择和割舍，更是对自我的整理。那些错误的选择、走过的弯路，都要及时矫正，更要舍弃那些不值得的人际关系、没必要的"无效社交"，将时间与精力放到人生的主要追求上来，渐渐回归正轨。

然而现实是人们在作出选择时，往往会受到"沉没成本"的影响。沉没成本是已经付出的成本，是与当前抉择无关的成本——比如在李清照这里，她与张汝舟离婚的沉没成本就是她选择与张汝舟成婚付出的金钱、名声和时间。

然而请切记，当一个人在作出选择时，越是资源有限，越要割舍沉没成本！

举个例子，诺贝尔经济学奖获得者约瑟夫·斯蒂格利茨曾举例对直接的沉没成本进行解释：一个人花费40元买了一张电影票，原本就有些担心电影是不是好看，是否值回票价。半小时后，他发现影片非常糟糕，令他坐立难安，他想要离开影院。

此时面对是否离开影院，该观众需要作出选择。

购票时花费的40元钱，就是离开影院的沉没成本。约瑟夫·斯蒂格利茨认为，在作出是否离开的决策时，不应该考虑40元钱的问题，因为无论是否离开，那40元钱都已经收不回来了。

就算跳出物质成本，该决策背后还有隐形的成本：一个人观影付出的时间和情绪价值。

如果该观众选择离开，他付出的是半小时的时间，以及比较糟糕的心情；如果他选择留下，将付出两小时的时间，以及更加糟糕的心情。果断选择离开，虽然不能找回之前花费的半个小时，但接下来的这一个半小时，可以做许多让人更加愉快、带来更多情绪价值的事情。

这也是李清照做出选择的思路，她绝不囿于过去的走眼和失误，就算付出再大的代价，也要为自己争取一份自由与独立。这正是这位有个性的才女能带给每个普通人的最有借鉴价值的经历。

敢于挑战世俗，能打破常规

李清照在封建社会的女性中，算得上特立独行，她独立、坚强、勇敢，敢爱敢恨，潇洒自在。这些品质，在李清照身上一直有所体现，从幼年到老年从未被风雨飘摇的岁月磨损。

她大胆而好奇。她曾在词中写道："见客入来，袜刬金钗溜。和羞走，倚门回首，却把青梅嗅"。见有客人来访，李清照匆匆收拾头饰衣裳。躲进屋里，又探头出来，假装闻着门旁的青梅。在那个时代，她这样的行为很大胆，因为封建社会的女子应该"养在深闺人未识"，而她却假装嗅青梅偷看来客，也是对礼教的一种挑战。

她独立而自由。李清照在南渡前写过一篇《词论》，提出"词别是一家"的观点。并且当时年纪尚轻的她，在这篇文艺评论中，直言不讳地批判了许多当时已名噪一时的前辈高手。对于王安石、曾巩等以散文知名的大家，她认为，他们二位散文写得倒是有汉朝之风，但是写起词来，恐怕是要被人笑话了。对于晏几道、贺铸、秦观、黄庭坚等当时的词坛高手，李清照的评价却是：晏几道不擅长铺叙，贺铸引用典故不妥当，秦观缺乏与生俱来的尊贵气息，黄庭坚的词小缺点太多。对于北宋公认的两位词坛领军人物，苏轼和柳永，她的看法是：苏轼的词"往往不协音律"，柳永的词"虽协音律，而词语尘下"。此文一出，文坛震惊。李清照对于文学艺术上的创作有自己的见解，她不因自己是后辈就不敢发言，也不因自己在"男尊女卑"的社会中作为女性就妄自菲薄。她敢于说出心中所想，敢于向权威挑战，独立而自由。

女性在封建社会中处于较为劣势的地位，而在现代社会中，白手起家、缺乏资源的普通人也是相对劣势的。他们往往越是劣势，越不敢直白坦率地说出自身想法，也往往因此错失许多机会。

不妨向李清照借一点儿勇气，在职场或社会交往中，不卑不亢地陈述自己的想法，反而能收获奇效。

在李清照的一生中，热爱生活也是她的一大特点，她非常真诚坦率。

李清照对酒情有独钟。在李清照流传下来的作品中，有许多都与酒有关。不管是欢喜还是忧愁，赏月赏花，闲来无事，只要有酒在侧，她就随心所动，想笑就笑，想哭就哭。

她还有强烈的爱国情怀，有责任和担当。"生当作人杰，死亦为鬼雄。至今思项羽，不肯过江东。"一首《夏日绝句》传唱了近千年。在这首诗中，我们看到一位女性的铁骨铮铮，比起任何男子，也不逊色。面对丈夫赵明诚在战场上的怯懦，她也有着自己的看法，从不人云亦云。

正是因为这些品质，让李清照哪怕是在飘摇的后半生，也能活成自己的"女王"，独立，有自己的事业，有自己的信仰。

对于女性朋友来说，李清照实在是太可爱，也太难能可贵了。她为后来的女性做了一个很好的榜样。保持独立、坚强、勇敢，敢爱敢恨，潇洒自在，有责任，有担当，这样无论在生活中经历风雨还是彩虹，我们都能把生活过成诗。当然，对于男性朋友来说，也是如此。坚守自我，保持对生活的热情，才是渡过难关的诀窍。

朱元璋
底层人如何跨越自己的阶层

扫一扫
听音频

假如有一天，你不小心穿越到一个游戏当中，你的身份是一个乞丐，开局手拿一个要饭碗，游戏设定你还是个孤儿，父母早逝，祖上八代都是贫农，你的主线任务却是成为开国皇帝，这游戏难度如何？

这简直就是地狱级难度。然而，在历史上，还真的有人闯关成功了，这人就是明朝开国皇帝朱元璋。

朱元璋原名朱重八，字国瑞，是中国历史上最"草根"的皇帝。前文提到的刘邦，虽然也算是白手起家，但刘邦最起码是亭长，家人都尚在，家里也有一些积蓄。而朱元璋，可真算得上是一贫如洗，无依无靠。朱元璋要背景没背景，要学问没学问，要钱没钱，甚至没有一个正式的名字，直到遇到郭子兴才有了"朱元璋"这个名字。

那么，如此"草根"的朱元璋，如何实现从底层到开国皇帝的逆袭呢？

让我们来看看他的故事吧。

乞丐和尚

朱元璋出生于一个贫寒的农民家庭，在家族里面排行第八，所以大家都叫他朱重八。小时候因为家里穷，朱元璋只能给地主放牛。在1343年，他15岁的时候，淮北大旱，随之引发了饥荒。不到半个月，他的父亲、大哥以及母亲先后去世。他和二哥将家人安葬后，开始了更加艰难的生活。朱元璋在走投无路之下，进入皇觉寺当行童。在寺庙的生活也十分艰苦，朱元璋每天都要做很多繁重的工作，如挑水、扫地、砍柴，并且经常受到责骂。不过，在这里他学会了识字念经。

然而，这样的日子并没有持续太久。

由于荒年寺租难收，寺庙遣散众僧，朱元璋只得离开，做云游僧人，往来在河南、安徽之间讨饭吃。朱元璋当乞丐和尚，一当就是三年。

红巾军生涯

"莫欺少年穷"，朱元璋的命运，在他24岁那年有了转变。当时元末天下大乱，烽烟四起，民不聊生，农民起义兴起。当时比较出名的，要数红巾军。红巾军是韩山童发起的，他自称为"明王"。

当时离朱元璋最近的一支红巾军是郭子兴率领的，那一年（1352年），他来到杭州城下想要参加红巾军。士兵看到他身穿破烂袈裟，年纪轻轻却显得非常沉稳老练，并不像个乞丐和尚，怀疑他可能是元军派来的奸细，并把他拉出去准备处死。

朱元璋并没有害怕，声嘶力竭地呼喊自己不是奸细，并请求拜见郭子兴。这正好吸引了在城外巡逻的郭子兴。

郭子兴定眼一看这个乞丐和尚，并没有惊慌失措或者哀求饶命，反而非常镇定自若，目光坚定有神。于是在调查清楚朱元璋不是奸细后，郭子兴对他就格外重视，把他调到元帅府里做自己的亲兵。

朱元璋头脑清醒、做事严密、沉稳老练、勇敢无畏，在郭子兴手下表现出色，并赢得了郭子兴和其他将领们的信任和赞赏。郭子兴觉得朱元璋是个人才，

还把自己的干女儿马氏许配给了他，马氏就是民间传说里的大脚马皇后。

朱元璋娶了元帅的干女儿，地位上升了，更重要的是，他不再是一个人了。

在红巾军里，朱元璋四处征战，取得了很多胜利。但是朱元璋发现，这支队伍没有前途，因为队伍的首领们每天都只是在洗劫，忙着抢财物，并没有长远的规划。于是，朱元璋向岳父郭子兴要了二十多名亲信，去南方拓展势力。

朱元璋选的这些人可都不简单，有徐达、常遇春、李文忠、冯胜，都是他后来的得力干将。很多人说刘邦善于识人用人，实际上，朱元璋在这方面也相当厉害。他看人的眼光相当毒辣，所选之人都非常优秀。后来，朱元璋的队伍壮大到三万人。由于朱元璋是郭子兴的手下，所以，他还是把队伍放到了郭子兴麾下，并没有另立门户。

统一江南

1355年，明王韩山童被捕去世后，刘福通拥韩林儿（韩山童之子）为帝，史称"小明王"。当时郭子兴病逝，朱元璋被任命为副元帅，元帅是郭子兴的儿子郭天叙。1356年，朱元璋率军攻克集庆，并且将集庆改名为应天。郭天叙战死，朱元璋在郭子兴这支起义军中，成了实际上的首领。一开始有很多人不服朱元璋，但是在这一群人里，只有朱元璋是最厉害的，大家不服也没办法。

1359年，小明王任命朱元璋为左丞相。

1360年，朱元璋请来刘伯温，为自己出谋划策。

1363年，张士诚派兵攻打小明王，朱元璋派军救出小明王。陈友谅趁机进攻洪都，被朱元璋打败。

1364年，朱元璋自称吴王，但是仍然奉小明王为正。

1366年，朱元璋派廖永忠去滁州接小明王，结果小明王溺死在江中。

1367年，朱元璋击败张士诚。

陈友谅和张士诚都不简单，但是朱元璋最终还是战胜了他们，而且是以少胜多。

1368年，朱元璋在应天称帝，建立大明王朝。

这时，朱元璋算是建立了南方朝廷。之后，徐达又率军攻占大都，元顺帝仓皇出逃。

至此，元朝在中原的统治结束了，明朝取得了在长城以内的统治权。朱元璋没有满足偏安一隅，而是选择北伐，最终统一了全国。

回头看看朱元璋在军事上的能力和表现，不得不令人感叹。毛主席有两个特别佩服的古代军事家，一个是李世民，一个是朱元璋。

李世民的文化修养非常高，他从小接触到的教育资源是朱元璋远远不能比的。朱元璋是一个放牛娃、文盲，到寺庙才开始认字，到了军中才开始读书，但他勤奋好学，天天都在读书，一直坚持到晚年。

除了军事天分和后天的学习，朱元璋还擅长打造"仁义之师"的品牌。朱元璋非常注重军纪的建设，尤其是在渡江之后，他规定士兵破城之后不能抢劫。而且他特别擅长造势，营造良好的形象。当时陈友谅对其所俘虏的朱元璋的部队大开杀戒。朱元璋却释放了其所俘虏的陈友谅的部队，还给他们发路费，把他们送回去。所以，人人都知道朱元璋的好，都愿意投奔他。

最后，让我们一起盘点盘点，朱元璋从乞丐和尚到开国皇帝，实现阶层大跨越的几个底层逻辑：

第一，把握机遇。朱元璋在红巾军时期遇到了郭子兴，并得到了他的赏识和重用。这为朱元璋提供了一个发展的平台和机会。

第二，展示能力。朱元璋展现出了出色的领导才能和军事能力，他带领红巾军取得了多次胜利，逐渐赢得了士兵和将领们的尊重和支持。

第三，重视人才。朱元璋善于识别和使用人才，他从郭子兴那里得到了一些得力干将，比如徐达、常遇春等人，为自己的事业提供了坚实的团队后盾。

第四，勤奋坚持。朱元璋非常勤奋，他在从军之后一直读书、学习，提升自己的知识和才能。他不断努力，积极应对各种挑战和困难，坚持追求自己的目标。

第五，建立良好形象。朱元璋注重在军队中建立纪律和道德规范，他的部队以"仁义之师"著称，不抢劫百姓，赢得了百姓的支持和拥护。他在征战中表现出的英明和善良形象，使他受到民众的喜爱和尊敬。

这几个底层逻辑，其实对我们的事业发展也很有帮助，从"草根"阶层到权力顶峰的过程中，扬长避短非常重要。在工作中，我们也不妨试一试，或许能给我们带来意外的收获！

第二十一章

李时珍

人生不顺，
只是没有找对适合自己的路罢了

李时珍

人生不顺，只是没有找对适合自己的路罢了

在古代，但凡读书人，十有八九都对科举考试有着一定的执念。他们寒窗苦读，期待有一天能够金榜题名，一朝扬眉吐气，光耀门楣。据统计，在中国古代参加科举考试的人数约有三千万，但能够中举出仕者只有十万。也就是说，科举之路的成功率只有0.3%。

很多时候，人们只关注成功者，忽略了那些失败者。

有人一考再考，直到垂垂老矣，比如蒲松龄，一直考到72岁；有人屡试不中，考中之后反而疯了，比如小说中的范进；还有人在落榜后，转而从事其他领域的工作，并取得了卓越的成就，比如李时珍。

李时珍是明朝有名的医药大家，也是我国古代四大名医之一。李时珍参加科举考试，曾经三次落第。科举之路走不通，他没有气馁，而是转去学医，用自己的才能和努力，书写了医药史上的传奇。

李时珍出生在一个医药世家，从小就对医学有着浓厚的兴趣。他常常跟着父亲李言闻到处行医救人，见证了许多患者从病痛中解脱的喜悦。他渴望能像父亲一样成为一名优秀的医生，为百姓的健康贡献自己的力量。但他的父亲不想让他再学医药，因为当时民间医生地位低下，收入微薄，受尽白眼冷遇。他希望儿子参加科举，以取得功名利禄，光宗耀祖。李时珍虽然对科举没有太大兴趣，但为了孝顺父亲，也勉强压抑了自己对医学的热情，准备科举考试。14岁时，李时珍随父到黄州府应试，中秀才而归，之后又三次赴武昌应试乡试，却都未能

中举。

失落之余，李时珍进行了认真的思考，他觉得科举之路不适合自己，而且浪费了自己对医学的热情和天分。于是，他向父亲表明自己对医学的热爱，决定放弃科举，专心学医。李时珍的执着打动了父亲，无奈之下，父亲只得同意李时珍弃考从医。

在23岁时，李时珍正式开始跟着父亲学医，并以"日盛"为医名，在当地小有名气。33岁时，他因为治好了富顺王儿子的病而声名大噪，被楚王朱英㷭请去做王府的"奉祠正"，兼管良医所的事务。后来，他又被推荐到太医院工作，并上京当了太医院判。

在这期间，他积极地进行药物研究，经常跑到太医院的药房，了解各种药材，并有机会看到了王府、皇家收藏的很多珍贵书籍。他发现古代本草书中有很多错误和混乱，于是他决定重新写一部本草书。

李时珍辞职回家后，在雨湖北岸构筑新居，取名"红花园"，并在那里行医救人。闲下来，他就开始撰写自己的本草书，这本书就是著名的《本草纲目》。

为了保证《本草纲目》的准确性，李时珍并没有故步自封，他广泛地收集并参考了历代本草著作和民间验方，并向各地的名医、老儒、渔夫、农夫等各种人请教和学习。他还勇于实践创新，不断地检验、改进自己的理论和方法，并根据实际情况进行修改完善。除此之外，他还亲自检验各种药物的效果和副作用，并绘制了很多药物形态图。

在写书期间，李时珍曾遇到过许多难题，比如如何区分真黄连和假黄连？

他想出了一个办法：把两种黄连都放在水里煮沸，真黄连会变黑，而假黄连会变红。但是他不确定这个方法是否准确，于是他冒着风雨跑到山里去寻找黄连，并把它们带回家进行试验。结果证明，他想出来的方法是正确无误的。

由此可见李时珍对医学的热爱以及对真理探索的执着。他以严谨的态度和开放的视野，在医学领域达到了前所未有的高度。

这部《本草纲目》，李时珍用了27年才编写完成，后来又花了12年修订完善三次。它收录了1 800多种药物，并对每种药物都进行了详细的描述，如分类、鉴别、采制、功效、用法、剂量、配伍等方面的说明。它是我国古代最系统、最完整的一本医药书，对后世的医学研究影响很大。

李时珍虽然在科举上是失败的，但是在医学上是非常成功的。回看李时珍的一生，简直就是一部走出困境，并最终找到了自己方向的大型励志故事。

我时常在想，假如李时珍考取了功名，做了大官，他会不会后悔放弃了自己曾经热爱的医学？那时候，又该由谁来给我们写一部《本草纲目》？

所以，有时候人生轨迹的发展其实很有意思，命运看似给李时珍关上了人生的一扇重要的门，其实只是为了让他找到更适合自己的那扇窗。

李时珍的故事，也可以带给我们很多启发。

第一，人生不顺，只是没有找到适合自己的路罢了。找到适合自己的路，坚持不懈地走下去，才有可能顺风顺水。

第二，求职时，一定要找到适合自己的路，并按照自己的兴趣和特长来选择。这样才能发挥自己的潜能和优势，取得更高的成就。

第三，如果一条路走不通或者这条路不适合自己，可以去尝试其他的路，不要过分固执，也不要气馁、伤心，要相信"山穷水复疑无路，柳暗花明又一村"。

第四，在职场上，要多向他人取经、多思考。要虚心向别人学习，不管是同行还是其他人，都有值得我们借鉴的地方。要勇于实践和创新，不断地检验和改进自己的工作方式，这样才能更快地进步与提升。

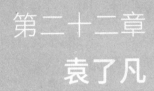

第二十二章

袁了凡

要有一颗想改变的心，
才能逆天改命

袁了凡

要有一颗想改变的心，才能
逆天改命

前几年国漫电影《哪吒之魔童降世》爆红一时，里面有句很火的台词："我命由我不由天！"在荧幕外，这句话唤醒了无数人被命运蹂躏到近乎麻木的神经。哪吒身为魔丸，最后却成长为陈塘关的大英雄。若命运不公，就和命运斗到底，这逆天改命的故事，怎么能不火呢？

哪吒的逆天改命，毕竟只是影视作品中的。在现实生活中，真的有人能实现逆天改命吗？

命由己作，福自己求

在古代，就有一位读书人，真的靠自己的能力，实现了逆天改命。他就是明代的了凡先生。了凡先生，原名袁黄，最初号学海，后来改号为了凡，世称"袁了凡"。他是明代著名的思想家、文学家。

了凡先生在年轻的时候，一位懂皇极数的孔先生给他算了一命，算出他的仕途前景、人生轨迹，甚至他寿命的长短。这个孔先生是当时很厉害的一个人，据说他深得北宋易学大师邵雍的真传。被算定一生的袁了凡，一开始不相信孔先生所说，可巧的是，后面发生的事情居然跟孔先生所说的相差无几。于是，袁了凡不得不开始认命。

人最怕的就是认命，认命了，就不再想着去追求什么了，就很容易丧失对生活的热情。幸运的是，后来他遇到了云谷禅师，云谷禅师告诉他：命由己作，福自己求。即使存在所谓的命运，命运也是可以改变的。于是，袁了凡便踏上了逆天改命之路，最终，改变了所谓的被算定的命运。

命运是自己的，也是可以改变的，改不改变，全看自己。想要逆天改命，最重要的是要有一颗想要改变的心。

说到这儿，可能有些朋友要说，难道命途坎坷时，还有谁不想改变吗？可是大家向四周看看，我们身边认命的、丧失动力的人，还少吗？

在历史上，也有类似的例子。汉朝时的飞将军李广，古诗称赞他"但使龙城飞将在，不教胡马度阴山"。这位将军一辈子战功累累，待人也非常宽厚，还会替下属承担错误。当他戍守边关时，匈奴更是不敢进犯。

李广这辈子的目标就是想封个侯，可惜他年轻时正处于文景之治的休养生息阶段，打的大多是防御战。根据汉朝的规矩，依照他的战绩是很难封侯的。汉文帝对他说："你啊，生不逢时，要是在汉高祖时期，早就能封万户侯了！"

等李广上了年纪，终于迎来了四方征伐，他好不容易等来了大举进攻匈奴的机会，却屡屡错失夺得战功的好机会，甚至最后因为带兵迷路，含恨自杀。

李广生前非常疑惑，很多跟随卫青、霍去病的后辈都有若干人封侯了，这些人无论成就还是名声都远不如他，可自己迟迟没有封侯。李广怀疑自己的命不好、骨相不好。当时精通玄学的名人听他这么说，就问他生平有没有令他后悔的事。李广说自己最后悔的就是曾经杀了800多个投降的士兵，这人回答，正是因为李广的杀降惹怒了上天，才让他命中无法达成所愿。很多人说李广的失败还是因为命运，因为他命中"数奇"。占卜时偶数是吉，奇数不祥，数奇就是说他命不好，他就是生不逢时又缺了那么一点点运气。

李广自己似乎也相信了命中注定的说法，就像生活中的很多人一开始是不认命的。比如在小的时候，老师会问我们，你们长大后的梦想是什么？有的小朋友说想当老师，有的小朋友说想当科学家，有的小朋友说想当一名人民警察，还有的小朋友说想当一名医生，等等。小时候的志向，总是那样伟大而崇高。但是，伴随着年龄的增长，有多少人实现了曾经的梦想，有多少人把曾经的梦想埋葬了呢？

我们大多数人，在成长的过程中，逐渐就认命了，放弃了曾经的梦想、曾经的追求，开始为了现实生活而忙碌奔波，没有了当年的热血。这些人不是没有努力过，而是在努力奋斗一番后，没有改变自己的现状。这会让很多人觉得自己的一生也许就这样了。有句老话说"哀莫大于心死。"人活着，心却死了，那人生还有什么意义呢？那些听天由命的人，其实就相当于心已经死了。

一切福田，不离方寸

唯有改变心态，才能破局。心态一旦改变了，整个人的精神面貌也会发生相应的变化，变得积极向上。这样一来，我们就会逐步走向一个良性循环。

了凡先生正是这样做的，他在明白了命运可以改变的道理之后，就自己去追求，挣脱了命运的枷锁。

其次，也是一句话："一切福田，不离方寸。"

人们心心念念的，每个人都想要的那份福气，其实就来源于自己的内心，我们不必向天去求，不必向地去求，只需要向自己的内心去寻找，就够了。

那么，怎样靠自己的内心去发现幸福呢？要想清楚自己这一辈子最想要的到底是什么。一个人到底想要过什么样的生活呢？比如说，经济状况、爱情、事业等方面，你想要达到什么程度？看清楚自己的内心了，再去做规划，去努力。

最后，还有八个字：立命、改过、积善、谦德。

袁了凡先生在明白了自己想要的是什么之后，通过立命、改过、积善、谦德四种方法，让自己的命运变得顺畅起来，并且由一名普通人，成长为一位赫赫有名的贤人。

立命，就是创造命运，不被天数所限制。他认为，人的命运是由自己的善恶决定的，而不是由天注定的。所以，人要自强不息，积极进取，改变自己的命运。

改过，就是改正自己的错误，避免再犯。了凡先生认为，人要有羞耻心、敬畏心和勇气，才能改过自新，并且要从事上、理上和心上三个方面去进行改正，才能达到真正的效果。

积善，就是积累善行。他主张，要有慈悲心，多做有益于社会和他人的事情。他经常通过记功过格的方式，时时检查自己的言行，以善为本。

谦德，就是谦虚谨慎，不骄不躁。了凡先生为人虚怀若谷，不自满自大，从来不轻视他人。

同时，立命、改过、积善、谦德这四者，是相互联系、相互促进的，在实践时，也要把它们融会贯通才行。

以上，就是袁了凡先生逆天改命的智慧。这些方法，对每个人都是很有帮助的。明白了命运是可以改变的，我们就不能再听天由命，不能再放弃想要改变的那颗心。我们的人生是由我们自己来决定的，多努力，就会有更多的收获，不努力，就没有收获。既然大家都希望自己朝着一种好的状态去发展，那就想办法，去寻找自己的幸福。明白了自己想要的是什么，作出规划以后，剩下的就是行动。

当然，我们最终能否改变自己的命运，还要看我们的努力程度以及选择的方向、方法。脚下的路，终究要自己去走，边走边看边调整，方能立于不败之地。

第二十三章

王阳明

环境越糟糕，
越要学会修心

王阳明

环境越糟糕，越要学会修心

扫一扫
听音频

你最近有没有被一些烦心事困扰？

你有时候是否会觉得自己好像处在一个无法摆脱的困境，无论怎么努力，都无法改变现状？

其实，你的很多苦恼都是在画地为牢，自我设限。你可能没有意识到，你的心里有很多隐形的围墙，这些围墙将你关在一个小小的空间里，让你无法看到更广阔的天地。这些围墙，就是你对自己和世界的错误认识和态度，它们阻碍了你的成长和进步，也剥夺了你的快乐和自由。

那么，这些围墙是从哪里来的呢？它们又是由什么构成的呢？如果想要打破这些围墙，我们又该怎么做呢？这些问题，其实早已有人给出了答案。

有这样一个故事：美国的杂技演员瓦伦达以走钢索闻名于世，钢索距离地面数十米，瓦伦达无须任何安全措施就能够轻松地走过去。在瓦伦达73岁那年，为了给自己的杂技人生留下浓墨重彩的一笔，他决定在两座大厦间表演走钢索。瓦伦达深知这次表演的重要性，以这般高龄，以如此之高的难度走钢索无疑会令他的知名度更上一个台阶，同时还会给剧团带来巨大的经济效益。

从表演的前一天，瓦伦达就仔细琢磨每个动作和细节。尽管已经走了数十年的钢索，但是他还是忧心忡忡，生怕出丑。表演时，意外还是发生了，瓦伦达在众目睽睽之下从钢索坠亡，人生也走到了尽头。

这就是心理学上的瓦伦达效应，越是患得患失，不专心做事，就越会失败。

好的心态很重要，"悲观"与"乐观"一字之差，但是相差万里。

有一对双胞胎兄弟，哥哥是悲观派，弟弟是乐观派。有次家人为他们的生日准备了不同的礼物，给哥哥的是一辆自行车，给弟弟的是一盒马粪。

拆礼物的时候，兄弟两人的反应令人意想不到。哥哥哭着说道："明知道我胆小，还送我这么危险的东西。"弟弟却欢呼道："快告诉我，你们送我的马儿在哪藏着呢？"

对于悲观派来说，任何礼物都是过分的、危险的、不宜的，对于乐观派而言，即便是再糟糕的礼物，也能够发现它美好的一面。

剥离隐形的围墙

（一）孟母为何要三迁

近朱者赤，近墨者黑，环境对人有直接的影响。孟母三迁的故事流传已久，发人深省。孟母和孟子原本居住在坟地附近，孟子就常常模仿他人哭拜，以此作乐。孟母觉得这里环境不好，于是迁居到了集市附近。孟子又学着来往商贾的样子做起了生意游戏，还学着屠夫的样子屠宰牲畜。孟母也觉得不妥，于是再次迁居。这次新家的附近有个学堂，孟子就跟着其他学生学习知识与礼节，孟母心里很高兴，觉得这里才是最好的住所，从此定居下来。

如果孟母没有三迁，那么很可能就不会出现这么伟大的孟子了。心智未开的孩子最易受环境的影响，他们没有独立思考的意识，更不懂得是非对错和人生规划。孟子是幸运的，有一个智慧的母亲，为他的成长选择了一个良好的环境。

（二）大文豪成长史

阿诺德认为，人生最惨的破产就是丧失自己的热情。莎士比亚是英国的大文豪，可是又有谁知道，年轻时候的莎士比亚只不过是剧院替人看管马匹的杂工。

但是莎士比亚并不自怨自艾，他身处社会最底层反而充满了斗志。身在剧院的环境中，一有时间他就透过门缝看别人演出，久而久之就探索出了一套戏剧表演的规律，这为后来的四大喜剧和四大悲剧打好了基础。

没有谁生来就是成功的。逆境就像是一堵围墙，只要内心足够强大，冲破这堵墙，就能够拥有更加广阔的天地。

（三）约翰·道尔顿

心理学家马斯洛说过："心若改变，你的态度跟着改变；态度改变，你的习惯跟着改变；习惯改变，你的性格跟着改变；性格改变，你的人生跟着改变。"道尔顿家境贫寒，年仅12岁就受到老师的喜爱，在学校中任教。尽管受到很多人的冷言冷语，但是他并没有甘于现状。他在工作之余刻苦读书，还写了"午夜方眠，黎明即起"的座右铭来鼓励自己。正是在这样的逆境中，道尔顿学到了大量科学知识，后来创设了原子学说，由此成为杰出的化学家。

人的成长离不开环境，但是人与人之间的成长环境可谓天差地别。有的人一出生就在罗马，但是大部分人想要成功到达，必定穿越重重逆境。很多时候，糟糕的不一定是环境，而是你的心态。一个自暴自弃的人即便是在优渥的环境中也难成大器，相反，充满斗志的人会在逆境中快速成长，激流勇进，创造属于自己的辉煌。

王阳明的修心之路

（一）石棺冥思，龙场悟道

作为一名文人，王阳明的一生是传奇辉煌的。他曾为朝廷立了三大军功：南赣剿匪、平定宁王、广西定乱。说到这里，大家可能会觉得他的一生很顺，其实并不是。相反，他这一生相当坎坷，遭受了很多挫折和打击，其中，最典型的就是他被贬到贵州龙场的事。

王阳明曾经直言上书，却遭宦官刘瑾陷害，被杖责四十，差点儿命丧当场。之后，他又被贬至龙场。

当时的龙场，是一个荒芜的小村落，在贵州西北万山丛棘中，有瘴气，有毒虫，生存环境十分恶劣，活下来都很不容易。

在龙场的时候，跟随王阳明的随从，相继病倒了，但是受过杖责、身体还没有完全恢复的王阳明，却没有病倒。虽然也受瘴气的侵扰，不知道明天会怎样，但是他的心态一直都很好。

王阳明是怎么做到的呢？

当时王阳明住在山洞里，阴冷潮湿，然后他让仆人准备了一副石棺，他经常躺在石棺里，一待就是一天。

他在石棺里干什么呢？他只做了一件事，就是思考。

他想，假如圣人遇到这样恶劣的环境，会怎么做呢？他慢慢想通了：圣人无论多么伟大，也是肉体凡胎，在龙场这样的环境里，在这个山洞里，在石棺里，圣人也只能顺应环境，改变不了环境。在这样的环境下，自己还清醒地活着，难道圣人会做得比自己还好吗？

接着，他又想，为什么自己会遭奸人陷害，为什么会沦落到这步田地，以后该怎么办？

然后，他又想到朱子所说的"格物致知"，为什么自己格不通呢？到底是哪一环节出了问题呢？

最后，他就顿悟了，看穿了生死之念，悟透了进退之道，最重要的是明白了"心外无物"。

何必追求成为圣贤？每个人，只要把自己的内心修炼好，都可以成为圣贤。

想通了以后，王阳明在龙场不仅活了下来，还活得很好，因为他找到了"圣人之道"。

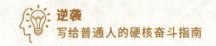

这就是王阳明龙场悟道的故事。在如此艰难的龙场，王阳明没有被打垮，反而悟出了"知行合一"的阳明心学。

（二）环境越糟，越要修心

环境糟糕又如何？环境越糟糕，越要学会修心。人活于世，不过是物我交互。守住本心，可以让你"百毒不侵"。只要你能意识到心外无物，你的思想，就可以跳出环境的桎梏，获得真正的自由；你的心，就能翱翔于这天地间，不被外物所困扰。所有的一切，只在一个"心"字而已。

大家不要觉得，王阳明的修心之法只是空洞的理论，它是有着丰富的实践来证明的。除了龙场悟道，他还率领军队平定多次叛乱，运用的也是这修心之法。

那么，该如何修心呢？如何才能做到像王阳明那样"知行合一"呢？

学修心之法，我们首先要明白王阳明所说的"心外无物"是什么意思。

简单来说，也就是你的所见、所闻、所感、所想，你脑海里的全部，构成了你的全部世界。外界对你来说，其实并不重要。说到这儿，大家不要用唯心主义来解释王阳明的学说。王阳明先生强调的是，不要因为外界的环境，而影响了本心。

王阳明认为，外界事物只是客观存在的事实，并没有主观上的价值判断。真正决定事物对我们的影响和意义的，并不是事物本身，而是我们内心对事物的认知和感受。

换句话说，我们也许不能改变环境，但是，我们可以决定看世界的方式和心态。你用什么样的心去看这个世界，这个世界就是什么样的。你的态度，就是你的心。你的心，就是你的命运。你用消极、封闭、悲观的心态去看待事物，看待世界，那么，你的世界就是消极、封闭、悲观的；你用积极、开放、乐观的心态去看待事物，看待世界，那么，你的世界就是积极、开放、乐观的。

世界一直就在那里，没有差别，差别就在于你的心。

那么，这颗心该何去何从呢？

王阳明认为，我们每个人，都有一颗本心。这颗本心就是天理，就是道德，就是良知。这颗本心，是人与生俱来的，是人之所以为人的根本。这颗本心，是善良的、明智的、公正的、自由的。这颗本心，是我们最真实的自我，是我们最高的境界。

但是，这颗本心，并不是一直都能够清晰地显现出来。它往往会被杂念所遮蔽、扰乱、污染。王阳明所说的杂念，就是一切与本心相违背的念头。比如贪婪、愤怒、嫉妒、恐惧、懒惰、虚荣等。这些杂念，会让我们失去对事物的正确判断和处理，会让我们作出违背良知和道德的行为，会让我们陷入痛苦和迷茫。

所以，我们就要清除杂念，还原本心。修心，就是要用本心来认识和感受周遭的事物，要用本心来指导和支配自己的行为，让自己的心，恢复到最初如婴孩般澄澈的状态，保持一种清澈、平和、自然、真实的心境，不被外界事物所扰乱、所迷惑、所束缚、所腐化。

那么，怎样清除杂念、还原本心呢？

王阳明给出了一个简单而有效的方法：知行合一。

知，就是良知。王阳明认为，良知并不是从书本或者他人那里得来的，而是从自己内心产生的，它是人们与生俱来的道德感和判断力。王阳明说，"知善知恶是良知，为善去恶是格物"。在没有遇到事情时，我们的心是没有善恶之分的。在遇到事情时，我们的内心萌发念头，就有了善恶的判定。我们的良知是知道善恶是非的。保持正念，去除恶念，就是格物。

行，就是行动。知行合一，就是要把良知和行动结合起来，把良知和行动协调起来。王阳明说："知是行之始，行是知之成。"知就是行，行就是知。知道没做到，说明你还是不知道。

知行合一落到一处，就是"诚"字。真诚发自本心，是根据良知去做事情。

无论是事亲、从兄、事君，虽然这些事情形式上不一定相同，但在根本上有一个共同点，那就是"真诚恻怛"。如果没有"诚意"，那就是虚伪。虚伪，就是知行不一。

因此，我们修心，修的就是良知，就是在每一个时刻、场合、事件中，都用自己的本心去认识和处理事物，并且及时地将自己的认识付诸行动。这样做了之后，就会发现自己对事物有了更深刻的理解，并且能够作出更合理和更有益的选择。当然，想要把心修好，我们还需要多实践。这就是王阳明所说的："人需在事上磨。"所以，多经历事情，其实也不是坏事，它可以帮助我们更好地修心。环境越糟糕，越要学会修心，越能修出来一颗坚定的心。

修心的三重奏

（一）随遇而安

懂得修心的人往往有着很强的环境适应能力，苏轼就是一个典型。

作为天生的乐观者，苏轼无论在怎样的环境下都能够苦中作乐，迸发积极的人生之光。乌台诗案后，苏轼屡次遭到贬谪，一生过着颠沛流离的日子。在黄州的时候，月色入户，柔情似水，苏轼面对如此景致来了兴致，跑到承天寺找到朋友张怀民，两个被贬的人共赏月色，闲庭信步。快60岁时，苏轼被贬到更偏远的惠州，他被惠州的茂林修竹和百年古刹所吸引，宛然是一个来这里游山玩水的过客。体力不支的苏轼想找个亭子歇歇脚，转念一想：为什么不能席地而坐呢？这是多么洒脱的举动！苏轼顿悟：休闲就在当下。

很多人在面临困境的时候往往自怨自艾，如果有苏轼这样豁达的人生态度，能够做到随遇而安，那么阴霾自将消除，人生路上多半都是欢乐。

懂得苦中作乐，是最好的疗伤手段。

生死之间不过须臾，学会苦中作乐，生活才会有更多的甜头。

（二）心外无物自然纯

王阳明为什么能够顿悟，那是因为他懂得一个道理：心外无物自然纯。

杞国有个人，整天提心吊胆，他怕天会塌下来，所以经常夜不能寐，这个就是杞人忧天的故事。世上本无事，庸人自扰之。有些人总是担心外界的变化，而有些变化是不可能发生的。这样做无疑是过度消耗自己，让自己变得焦虑。

心外无物的人往往更容易挑战自我，消除不必要的焦虑。安格拉出生于德国汉堡，父母对她的要求非常严格。在她12岁的时候，老师带领大家学习高台跳水，其他女孩子都跳了，只剩下安格拉。她有些恐高，害怕得流出了泪水，老师也有些不耐烦了，在背后催促着，只见安格拉闭上眼睛，纵身一跃，尽管动作不标准，还是赢得了大家热烈的掌声。老师问安格拉，是怎么克服恐惧心理的。安格拉说："爸爸对我说过，遇到困难的时候闭上眼睛也要往前迈一步。"

闭上眼睛，就不会为外界所干扰，安心做好下一步。这种做法非常实用。

（三）知行合一大不同

想要成功，知与行缺一不可。知行合一，才会在思考与实践中走向更高的台阶。

著名教育家陶行知先生原本叫陶知行，后来随着学识和智慧增长，他认识到行动要先于知识，于是特意改名来警示自己。他还专门写了一首打油诗，生动地揭示了行与知的关系：行动是老子，知识是儿子，创造是孙子。

当知识脱离行动的时候，不免会纸上谈兵，赵括就是个例子。作为典型的兵二代，赵括从小就学习兵法，甚至其父赵奢也说不过他。很多人夸赞赵括必成大器，赵奢却说，战争事关生死，光会说是远远不够的，如果赵国任用赵括势必会遭受危难。没想到，赵奢一语成谶。秦赵战争爆发，赵孝成王中了秦国的计策，撤掉了老将廉颇，任用赵括，缺乏实战经验的赵括一步步走进白起设计的陷阱中，35万赵军全军覆没，赵括也被乱箭射死。

可见，知行合一，不能稍有偏颇，必须双管齐下。

一言以蔽之，修好心，我们就可以打破桎梏，走出迷雾，用一种全新的视角，来看待自己和世界，用一种全新的态度，来改变自己和世界！

第二十四章
李鸿章

借道取势，
可以让你走得更远

李鸿章

借道取势，可以让你走得更远

扫一扫
听音频

《孙子兵法》中说："故善战者，求之于势。"善于打仗的人，经常借势而为，利用天时地利人和，去取得战争的胜利。学会借道取势，我们的人生会更加精彩，特别是手中资源不足、自身条件不够优越的普通人，更要避免硬碰硬，学会借势，以达到事半功倍的效果。

所谓借道取势，就是借助别人或者外界的力量，来增强自己的实力和地位，从而达到自己的目标。借助别人的知识、财富、智慧、声望地位、社会背景等，来造自己的势，借别人的光来照亮自己的路。

晚清重臣李鸿章，就是一个擅长借道取势的高手。

李鸿章在历史上，是个集美名与骂名于一身的传奇人物，也是一个不太好评价的人物。有人一听到李鸿章这个名字，想起来的就是"卖国贼""千古罪人""大清走狗"这样的污名，也有的人说他是晚清中兴的中流砥柱之一。我们暂且不对他的功绩作评说，只说一说他是如何借道取势，来实现人生进阶的。

谈晚清政治，就一定绕不开"晚清四大名臣"。这四大名臣，分别是曾国藩、左宗棠、张之洞以及李鸿章。李鸿章能够跻身此列，并不是偶然或者运气好。借道取势，是他成功的法宝之一。他不仅能够借势而为，利用自己的老师曾国藩的提携和培养，打下坚实的基础，还能够借道而行，利用自己的人际交往能力和见识，结识各方权贵和清流，建立了稳固的人脉关系网。

借老师曾国藩之道，打开官场之门

李鸿章，1823年生，安徽合肥人。1845年，22岁的李鸿章进京参加会试，却不幸名落孙山。李鸿章的父亲李文安，和曾国藩是同年进士。于是李文安让儿子以"年家子"的身份，拜到曾国藩门下学习。从此，李鸿章便成了曾国藩的徒弟，而且他一生都在以曾国藩徒弟这一身份自居。

李鸿章刚进京时，并没有多少资源，曾国藩就是他最大的资源，是他的指路明灯。

有人说，李鸿章能够平步青云，肯定离不开老师曾国藩的提携。的确，曾国藩给了李鸿章不少帮助。曾国藩不仅帮李鸿章改掉了爱睡懒觉、作风懒散等毛病，还在修身养性、做事等方面给予他悉心指导。更重要的是，曾国藩还多次向朝廷推荐李鸿章，还让他自立淮军，并从湘军中挑选精兵亲信送给他。这些，都为李鸿章打下了坚实的基础。

那么，李鸿章是如何得到曾国藩对自己的倾力扶持的呢？

李鸿章有自己独到而出众的才干和见识。在与曾国藩相处时，他敢于发表自己不同的意见，有时还会因为意见不同与其发生争吵，并不会像其他人那样阿谀奉承。

同时，李鸿章的才能让曾国藩欣赏有加，即使有争吵，两人也能冰释前嫌。正是曾国藩的着意栽培，让李鸿章逐渐飞黄腾达。曾国藩、李鸿章相交的这段故事告诉我们，要想结识靠谱的人脉，首先自己要有一定的能力，要有闪光点。自身有了闪光点，再遇到贵人提携，成功的概率就会更大。李鸿章也明白老师对自己的恩情，在关键时刻，总会站在老师这边。

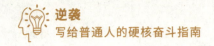

借道权臣，稳固自己的地位

李鸿章在曾国藩的提携下步入官场，但是能走多远，还得看自己后续的发展。李鸿章能做到青出于蓝而胜于蓝，还在于他善于结交人脉，编织自己的人脉关系网。

在独掌淮军后，李鸿章很快就当上了江苏巡抚。

当时清朝政局动荡不安，在朝廷内外都有各种派系和利益集团相互角逐、制衡。李鸿章身为淮军统领和江苏巡抚，并没有直接参与朝政斗争，但能够灵活周旋于各方之间，并且抓住机会与权贵建立联系。

那个时候，慈禧和恭亲王奕䜣都有意提拔李鸿章，想利用淮军来安定两淮，顺便利用其抑制湘军的发展，李鸿章也明白这其中的深意。抑制湘军的发展，虽然有点儿对不住曾国藩，但是曾国藩自己也说湘军当时已是强弩之末，发展潜力不大，而李鸿章的淮军，在某种意义上与湘军也有一定关联，发展好淮军，也不算愧对曾国藩。

为此，李鸿章每次进京，除了拜谒慈禧和同治皇帝，还专门去拜访奕䜣、文祥等权臣，有意结交。

后来，慈禧与醇亲王联手推翻恭亲王，李鸿章受到一定牵连。合作伙伴恭亲王倒了，李鸿章与新上台的醇亲王又暗中建立了联系。醇亲王是光绪帝的父亲，李鸿章交好醇亲王，无论是慈禧当权，还是光绪帝执政，自己都有了稳定的靠山。可见，李鸿章有意打造一张缜密的关系网，以应对朝中风云变幻。

此外，李鸿章还注意结识张佩纶、吴大澂等清流。

由此可见，李鸿章在人际交往方面，确实很有本事。比起自己的老师曾国藩，李鸿章多了一分圆滑，很善于在人与人之间周旋。

李鸿章在官场，靠着自己的实力与出色的人际交往之道，赢得慈禧、恭亲王、醇亲王等掌权者、权臣的支持，这是借取靠山之势；他还赢得了张佩纶、吴大澂等文人清流的支持，这是借取舆论之道。

当然，除了借道取势，我们也不能忽视李鸿章的才干与能力。他能够进阶而成，成为清朝倚重的人才，成为人们口中的名臣，也和他自身的才能是分不开的。

我们也许没有李鸿章的才干，也许没有他结交人脉的能力，但我们可以学习他借道取势的方法，让自己在职场上脱颖而出，发出属于自己的光芒。

我们可以做好向上管理工作，通过与上级领导的有效沟通，来获得领导的认可和支持。通过积极展示自己的价值和影响力，赢得领导的信任、尊重，获得更多的资源、机会。

我们可以积极向优秀的前辈或同事学习，在他们的帮助下，不断提升自己的业务水平，及时调整自己的工作策略和方法，创造出更多的价值。

我们可以通过与同事、客户、合作伙伴等各方人员的友好交往，形成一个有利于自己职业发展的人脉网络，以便获取更多的信息资源，赢得更多的支持和帮助等。

《孙子兵法》中说："任势者，其战人也，如转木石。木石之性，安则静，危则动，方则止，圆则行。故善战人之势，如转圆石于千仞之山者，势也。"善于利用兵势的人，指挥起千军万马来，如同转动木头、石头一样自如。这些木头、石头，放在平稳的地方是静止不动的，放在陡峭不平的地方，则会滚动。能够借势借力，自然是打开了发展的一道新门径。

图书在版编目（CIP）数据

逆袭 / 雅鑫著. -- 北京 ：电子工业出版社，2023.11
ISBN 978-7-121-46698-4

Ⅰ．①逆… Ⅱ．①雅… Ⅲ．①历史人物－生平事迹－中国－古代－通俗读
物 Ⅳ．①K820.2-49

中国国家版本馆CIP数据核字（2023）第222457号

责任编辑：李　影　　　　　　　　文字编辑：王浩宇
印　　刷：晟德（天津）印刷有限公司
装　　订：晟德（天津）印刷有限公司
出版发行：电子工业出版社
　　　　　北京市海淀区万寿路173信箱　　邮编：100036
开　　本：710×1000　1/16　印张：15　　字数：240千字
版　　次：2023年11月第1版
印　　次：2023年11月第1次印刷
定　　价：58.00元

凡所购买电子工业出版社图书有缺损问题，请向购买书店调换。若书店售缺，请与本
社发行部联系，联系及邮购电话：(010) 88254888，88258888。
质量投诉请发邮件至zlts@phei.com.cn，盗版侵权举报请发邮件至dbqq@phei.com.cn。
本书咨询联系方式：(010) 88254210，influence@phei.com.cn，微信号：yingxianglibook。